社会と産業の倫理

松原隆一郎・山岡龍一

社会と産業の倫理（'21）

装丁・ブックデザイン：畑中　猛

s-56

まえがき

本書は，放送大学基盤科目の一つである「社会と産業の倫理（'21）」の印刷教材として書かれました。社会と産業コースでは，その前身である社会と経済専攻の頃から，所属教員が複数で担当する講義が提供されてきました。このコースには一般に社会科学と呼ばれる学問分野全般だけでなく，環境工学や社会技術と呼ばれる領域もカバーする講義が用意されています。したがって所属教員の専門分野も，非常に広い領域にまたがっています。

このようなコースの教員12人が集まって，一つの科目をつくる理由は何でしょうか。その答えの一つは，我々が生きる実際の生活（つまり実践）が，つねに複数の学問によってのみ理解できるものだという事実のなかにあります。このことを逆に表現するなら，学問というのは必然的に限定された視点をとるのであり，それゆえに，学問はつねに実践から距離をとる営みだということになります。放送大学のような生涯学習型大学で学ぶ人には，学問を実践と結びつけたい，という願望をもつ方が多いでしょう。学際的な授業は，そうした願望に応えようとするものだといえます。

倫理という実践的な主題を扱う授業は，一方では，実践という日常的なことがらから学問へとアプローチする方向を示すものであり，他方では，既に学んだ学問的知識を実践へとつなげる方法を示唆するものでもあります。そしてこの授業の特徴は，倫理を専門的に研究する者ではない研究者が，倫理について学問的に探究している点にあるのです。こうした方法をとることで，倫理という実践の複雑さが，倫理学を学ぶとき以上に明らかなることが期待されています。もちろん，倫理に関する学問的な考察は必要です。しかしながら，この講義を学ぶことで得られる倫理に関する洞察は，必ずあるはずでしょう。

このような授業が用意された理由には，時代的な要請もあります。「研究倫理」や「コンプライアンス」といった言葉が頻繁に聞かれるようになりました。研究者のような専門家が，倫理について反省すべきだという考えは，いわば当たり前のことなのですが，近年，改めてそうした考えがさまざまな局面で強調されてきています。こうした時代の要求に応えて，改めて学問と倫理の関係を考えてみようというのが，この授業の目論見です。そしてこの試みが，直接的ではないにせよ，なぜこのような時代的要求が生まれてきたのか，という現代的な問いを考えることに寄与できると思われます。したがって学生にはこの授業を，現代社会を理解する試みとして学んでいただきたいのです。

本書の内容について，一つだけ重要な事実を述べておく必要があります。各章の原稿が書かれた時点では，新型コロナウィルス（Covid-19）のパンデミックが，日本において緊急事態宣言を生むことなどほとんど予想できない状態でした。この本が読まれる時点で，事態がどうなっているのか，予想することなどできませんが，感染症が重大な影響を社会に与えるというこの事態は，本来なら本書において本格的に取り上げるべきだったでしょう。ただ，本書の内容は，必ずこの事態に関する真摯な反省に貢献するだろうと思われます。

本書を準備するなかで，様々な人びとの助力を得ることができました。なかでも，編集担当の鈴木孝さんには，多くの執筆者から成る本をまとめるという，面倒な仕事を見事にこなしていただきました。ここに感謝の意を込めて，お礼を申し上げたいと思います。

2020年11月

共著者を代表して

山岡龍一

目次

1　学問における倫理とはなにか

山岡龍一

《目標＆ポイント》 倫理によって何が意味されるのかを概観する。そして倫理学という営み，特に現代の専門的な学問としての倫理学にどのような特徴があるのかを理解する。倫理的思考の基本的なタイプを学習し，倫理学の成果を他の専門諸科学に適用する試みについて，応用倫理学の観点から理解を深める。なぜ倫理を問題にするのか，倫理を問題にすることで，どのようなことが見えてくのかを考える。
《キーワード》 徳（アレテー），近代と現代，メタ倫理学，規範倫理学，帰結主義，直観主義，卓越主義，応用倫理学，内在的倫理と外在的倫理

1. 倫理という概念

「倫理」という日本語の原義を考えてみよう。「倫」とは「人びとのまとまり」を表しており，「理」は「物事の筋道」を表す。我々が倫理を論じるとき，それはしばしば個人の生き方を問題とするが，それは同時に他者，とりわけ自分の周りにいる人びととの関係も考慮せざるをえない。したがって倫理を考えることは，不可避的に人の共同性を考えることになる。「筋道」は，最も根本的には矛盾のないことを意味するが，しばしば「正しさ」を含意する。しかしながら，共同性にしても正しさにしても非常に多義であり，倫理において何が問題となされるのかという問いは，単純なものにはなりえない。時代，文化，宗教，職業等，倫理の意味を多様化する要素が多くあるのであり，少なくとも学問的に倫理を考えるなら，こうした多様性を意識しなければならない。このこと

を前提にして，以下に西洋の倫理学の歴史を基に，倫理に関する学問的な解釈を提示したい。

西洋における倫理概念の原義は，ギリシア語の ethos やラテン語の mores に求められ，それは例えば英語では ethics と moral という現代語に表れている。これらの古代語は「身についている生活習慣」という意味をもつ。古代ギリシアのホメロスの詩には，倫理的な主題があるが，そこで問題となっているのは，社会のなかでの人の生き方であった。そこでは「善い」を意味するギリシア語の agathos は，貴族の役割を表す言葉であり，「勇敢で，熟達して，成功を収める」高貴な者がアガトスであると呼ばれた。そして，このように社会的な役割を負う人が，それを立派に果たしているとき，その人は arete をもつとされた。この「アレテー」という言葉は，しばしば「徳」と訳されるが，その根本的な意味を考えると「卓越性」（つまり善さ）と訳せる言葉である。しかしホメロスの時代から下ると，こうした言葉の使い方に変化が生じる。「アガトス」に，ただ単に高貴な生まれであるという事実のみを意味する用法がでてくる。つまり，その役割にふさわしいことを実際に成している卓越した人物でなくとも，アガトスだと呼ばれるようになる。もちろん，こうした人物が立派な人物になれば，その人にはアレテーがあると呼ばれる[注1)]。

ここで何が生じているのか。倫理は人びとの生活習慣であり，その善さを問題とするものだとして，その内容は確立された生活習慣を吟味することで明らかにされるだろう。社会が長期にわたって安定的に維持されていれば，そこでは社会内での役割分担が定着し，そうした役割を果たすことが善いとされるだろう。しかし，社会というのはさまざまな理由から変動を被るものであり，それはしばしばこうした社会的事実と社会的価値の一致を揺るがす。つまり，高貴な生まれであるのにもかかわらず，その身分にふさわしい生き方をしない人びとも出てくる。こうして，何がアレテーなのか，という問いに関する反省の必要が生じる。倫理とは，善き生活習慣のことだとしても，いったい何が「善い生活習慣」なのか。それを「善い」とするのは何か。どうすればその「善さ」を達成できるのか。こうした問いは，倫理を追求するなら浮上せざるをえないものとなる。これは，人が善く生きることを目指すなら，避けることのできない問いだともいえよう。こうして，倫理は不可避的に倫理学を要請する。

2. 倫理学という営み

西洋の思想史における倫理学の古典として，アリストテレスの『ニコマコス倫理学』がある。アリストテレスにとって倫理学は，人が「善く生きる」ということの内容と，その方法ないし実践を探究する学問であった。彼によれば，身心ともに健全ならば人は自然と（必然的に）善きものを求める。善きものとは単なる快楽ではなく，自然に即した快楽であり，その実現がその人の自然本性の完成となるようなものを指す。そして，善きものにはさまざまな多様性があり，それは自然全体（つまりコスモス）の秩序構造を反映するものだと考えられていた。人は集団で生きるように作られているが，それはそうすることではじめて，自らの潜在能力が完全に開花することが可能になるからだとアリストテレスは主張した。このような仕方で善を実現する場である集団のなかで，最高のものが政治社会，つまり国家（ポリス）なのだが，それは国家の統治において最高の善が探究され，その他諸々の善の関係性が規定されるからだとされた。かくして彼は，人間は自然的にポリス的動物だと述べた。

『ニコマコス倫理学』においてアリストテレスは，人間的善の探究を徳（アレテー）の探究として提示し，徳を知的徳と倫理的徳の二種類に分けた。前者は，人間に固有な本性である理性の働きの善さを意味し，後者は，そうした理性の働きに即した振る舞いの善さを意味した。この倫理的徳は，人と人とのあいだでなされる善き行為や態度のことであり，その獲得においては，習慣が決定的に重要であるとアリストテレスは考えていた。つまり，何が善い行為なのかを，言葉を通じて教育するだけでは，人はなかなか倫理的徳を身につけることができない。善きことを社会のなかでくり返しすることで，倫理的徳が人の魂にしっかりと備わるようになる。したがって，社会のなかに倫理的徳をうながすような習慣が確立されていることが肝要なのであり，そのためには善き法律（と善き制度）が不可欠だということになる。こうした善き法律や制度の探究を，さまざまな社会や国の習慣・法律・制度の知識を集め，また，そうした主題に関するさまざまな意見，特に優れた意見を集め，それを理性によって吟味していくというのが，アリストテレスの考える倫理学や政治学のあるべき方法であった。

このようにアリストテレスの倫理学においては，生き方の善さが中心的な主題であった。人間にとっての最高善をアリストテレスは幸福であると規定したが，幸福の意味が数多ありうるとして，この考え方によれば形式としてみれば，倫理学的探究の目的は幸福の実現であることになる。倫理学に関するこのような考え方は，アリストテレス以降圧倒的に影響力のあるものとなり，それは現在においても有力な考え方だといえる。つまり倫理学とは，幸福とは何かを問い，どのようにして幸福を，特に人びととの関係において実現するのかを探究する学問だといえるのである。

ただし，西洋の倫理学の歴史を概観すると，いくつかの転換点が見出せる。ここでは近代と現代という時代区分を使いたい。まず近代であるが，近代哲学の転換点にある重要な哲学者はデカルトだとされる。このデカルトの影響を強く受けつつ，独自の倫理学を展開したのがホッブズである。ここで彼に注目する理由は，ホッブズが明確に反アリストテレス的立場をとった点に求められる。この点に関して論じるべき点は多いが，この章の観点において注目すべきことは，最高善や共通善といった考え方が否定されたということである。ホッブズによれば，何が善であるかという考えは，人によって根本的に異なるのであり，人びとが共通に，追求すべき最高の善などはない。人びとのあいだに共通にあるのは，互いが敵となるかもしれないという恐怖心であり，そのような恐怖からいかにして自由になるかを考えるのが倫理学の課題となる。

ホッブズがなぜこのような考え方に至ったのかは，本章の課題を超えるので，ここでは論じない。ただ，さまざまな社会的，経済的，政治的理由から，近代社会に生きる人びとにとって，ホッブズの説がリアリティのあるものになったのはたしかである。善に関するこのような考え方が支配的になると，倫理の問いは，生き方の「善さ」よりは「正しさ」の方に比重が移る。ホッブズによれば，すべての人には生きる権利があるが，この権利を絶対的に行使するなら，権利同士が互いに激しく衝突し，いわゆる戦争状態が現出してすべての人が悲惨な状況になる。この状況から合理的な仕方で脱出する唯一の方法は，全員が平和を求めて，一定程度権利の行使を同様に控えることであると主張したホッブズは，倫理的に重要なのは，そうした権利行使の抑制の義務が守られることだと考えた。つまり，すべての人が義務を守るという正しさが最も重要なこととされたのであり，これは，正義の問題が中心的課題となったことを意味する。

近代になって善や幸福が倫理学の課題とならなくなったわけではない。それらは引き続きさまざまな思想家によって論じられてきた。ただ，人びとの生き方（とりわけ，宗教的な生の意味づけ）の多様性が決定的になると，正義の問題が重要視されるようになったのである。たしかに古代哲学においても，正義は重要であった。ただしそこでは，善の問題の方が，正義の問題よりは優先されていたのである。近代になると，この優先順位を逆転するような考え方が浮上してきた。問題を形式的に言えば次のようになる。正しい生き方が善い生き方である，という仕方で，両者が一致するなら，何の問題もない。ただし，この二つが一致しない状況が生まれるとき，両者の優先順位が問われることになる。どのような仕方で倫理学がこの問いを追求してきたのかに関しては，次節で簡単に検討する。

次に現代という転換点を説明したい。近代から現代という区分は，必ずしもはっきりとした規準をもたないが，ここでは，国民国家が発達し，大学のような制度が先進国で確立されるなかで，現代の我々が知るような専門的学問分野が生まれた，19世紀終わり頃から現在を現代としたい。つまりこの区分によって，学問分野としての倫理学の確立が検討課題となる。ここで一旦アリストテレスに戻ろう。彼は自らの倫理学の講義に関して，若者は適切な聴衆ではないと述べていた。既にみてきたように彼の説によれば，倫理学の学説を教室で学ぶだけでは，人は徳を身につけて善い人間とはなれない。聴講者はあらかじめ市民生活をして，都市の習慣や制度のなかで市民としての経験を相当程度積んでいなければならない。つまりアリストテレスは，倫理学を学ぶものは，倫理的に優れた者になるべきだと考えていた。したがって倫理学の内容は，何が最善の生き方なのかを指し示すものでなければならなかった。

現代の学問として倫理学を，たとえば大学のような場所で，以上のようなアリストテレス的前提で提供することは困難である。大学の教員は説教者ではない。どのように生きるべきか，という実質的内容を，学生に受け入れるように要求することはできない。教員にできるのは，倫理（学）とは何か，ということに関する形式的内容を教えることである。つまり，倫理的教説を分析し，例えば，「義務」「幸福」「慈愛」「正義」等などの倫理的概念の説明を，価値中立的に行うことが，正当な教育行為だとされる。あるいは心理学や数学のような他学問の方法を使って，倫理とは何かを客観的に説明することが，学問的な倫理学の務めだとされる。このような営みは，倫理そのものというよりは，倫理に関する反省であるという意味で，メタ倫理学と呼ばれる。もちろんアリストテレスの倫理学にも，こうしたメタ倫理学的要素はある。しかし彼にとって倫理学の真の目的は，実質的な倫理の探究により，その学習者を善い人間にすることであった。現代の倫理学は，そのような目的を（少なくとも直接的には）掲げない。メタ倫理学を学んだ人が，それを利用して，善き生を追求することを，間接的に望んでよいし，そのような願望をもつ学者はおそらく多いであろう。しかし，実質的な善を論じ，生き方を指し示すことは，専門的学問の主たる役割ではないと考えられている。それどころか，あくまでも形式的な問いに専心し，倫理的な内容にいっさい関係なく，倫理的言語を哲学的に分析してもよいのであり，そのような営みこそ，科学的な態度なのだと考える道徳哲学者も少なくないのである[注2)]。

3. 基本的な倫理学的思考

メタ倫理学的探究が中心になった倫理学は，いかに生きるべきかを直接指し示すことはしない。そのかわりに，いかに生きるべきかという主題に関する，さまざまな一般的理論を提供する。つまり，生き方の理想に関する意見を，理論的な仕方で類型化し，その理論そのものを洗練したり，相互に比較したりするのである。このような倫理学はしばしば規範倫理学と呼ばれる。ここでは，現代の規範倫理学的議論で展開されている，そして多くの学問的議論で意識的・無意識的に使用されている，代表的な考え方を簡単に検討しておこう。

倫理について考察するとき，どんな論点に注目するのかに応じて，倫理学説には三つのタイプがあるといえる。倫理とは典型的には人間の行為の問題だとして，第一に，行為の結果に注目するタイプ，第二に，行為そのものに注目するタイプ，第三に，行為者の卓越性に注目するタイプがある。以下にそれぞれをみてみよう。

第一のタイプは，行為や政策の選択をするとき，その結果に注目する。複数の選択肢があるとき，その予想される結果を比較し，最も望ましい結果を生むと思われるものを選択すればよいことになる。これは，行為の結果を数量化できるのならば，極めて合理的に解答を得られる方法となる。我々は政策決定において，費用便益計算をすることがあるが，これがこのタイプの思考である。このタイプは一般に，帰結主義（consequentialism）と呼ばれ，その代表的な倫理学説が功利主義である[注3)]。

第二のタイプは，行為や政策を選択をするとき，その行為や政策の内容そのものの妥当性を考察する。ある種の行為は，例えば殺人や詐欺のように，それ自体において悪であったり不正であったりするものがある。そうした行為を選択することは，その結果の計算にかかわりなく，すべきではないといえる。そのような正／不正の感覚は，人間の知性や理性に直接与えられているとみなすことができる。このタイプの考え方は，直観主義（intuitionism）と呼ばれ，カント主義がその代表的な倫理学説である[注4)]。

第三のタイプについて説明する前に，第一と第二のタイプについて，簡単に比較しておこう[注5)]。議論を単純化するために，前節で論じた「善い生き方」と「正しい生き方」の対比を〈善〉と〈正〉の対比と記述して，ここで利用したい。一方で，帰結主義の典型である功利主義は，〈善〉の最大化を目指す。功利主義者ベンサムの言葉として有名な「最大多数の最大幸福」がこのことをよく表している。効用（功利）の内容を快楽（と苦痛の回避）と理解したベンサムは，個人であれ集団であれ，何かを選択する際に考慮すべきことは，効用を最大化できるものは何か，という問いだと主張した。そのような計算をするときベンサムは特に，一個人はあくまでも一単位として数えるべきこと，個人だけでなく社会全体の効用の総量を考えるべきことを提唱していた。

他方で，直観主義の典型であるカント主義では，〈正〉が問題となる。哲学者カントは，定言命法という考え方を提唱していた。人がいかに生きるべきかを考えるときに，何らかの目的実現のために何をしたらよいかを考える場合がある。カントはこうした手段をめぐる合理的計算から生まれる指針を，仮言命法と呼んだ。これに対して定言命法は，手段ではなく目的そのものを考慮する。例えば「嘘をついてはいけない」という命令は，何らかの目的を達成するためにあるのではなく，それそのものが遵守されるべきものだとされる。倫理には，このようなそれ自体の〈正〉を遵守すべきルールがあるのであり，そうしたルールには，その適用が普遍的な妥当性をもつ（つまり，誰が，どのような場合であっても，その妥当性が成立する）という性質があるとされた。こうした考え方の背後には，人間の尊厳が，それ自体において目的となるのであり，何らかの計算の結果として生まれるのではない，という人間観（そしてその背後にある宇宙観）がある。

直観主義者が「嘘をつくべきではない」と主張するとき，帰結主義者はそれに反論するであろう。例えば，独裁体制において政府を批判している友人が，警察に追われて自分の家に逃げ込んできたとしよう。そうして友人をかくまっているところに，実際に警察がやってきて，友人が家にいるかと尋ねてきたとき，わたしは嘘を言えないのだろうか。当然起こる帰結を予想するなら，嘘を言う方が善いにちがいないと，帰結主義者は述べるだろう。つまり〈善〉が〈正〉に優先するとされる。あるいは，このケースでは嘘をつくことが正しいのであり，したがって，〈正〉は〈善〉によって決まる，といえるかもしれない[注6)]。

帰結主義者が，どんな場合であれより多くの人びとが救われるべきであると主張するとき，直観主義者なら次のように反論するかもしれない。五人の患者の命を救うために，一人の人間を犠牲にして臓器移植をする必要がある場合，我々は単純な計算で，そのような決定をするだろうか。人間の生命のような尊厳ある価値は，数量的な比較計算になじまない。少なくとも，少数者か多数者に関わらず，誰かの生活の向上が，他の誰かの生活の犠牲によって実現されるようなことはあってはならない，と直観主義者は主張するだろう。〈善〉から独立して，〈正〉は決定されるといえる。

以上は論争を単純化したものであり，倫理学はこうした思考実験による練習問題にあふれているといえる。我々にとって必要なのは，絶対的な正解（そのようなものなどない）ではなく，このような論争が理性的になされることを理解することである。真に倫理的な問題に，容易な解答などない。こうした練習問題は，我々がしばしば無意識に依拠している理由づけの内容をあぶりだし，その長所と短所を明確にする。例えば帰結主義には，難問に直面するとき，とにかく何らかの結論に至ることを可能にしてくれるという長所がある。そしてその結論の正当化が，数値の提示によってできるという利点もある。しかし，そもそも何を単位として計算をすべきか，という根本的な難問がある。ベンサムは個人の快楽を単位としたが，それをどのように測定し，比較したらよいのかは，決して自明ではない。これに対して直観主義には，計算不可能に見えるような難問に直面したときでも，いつでも妥当する「正しさ」を，その判断の根拠として示すことができるという長所がある。それは，すべての人を平等に扱うという倫理的魅力をもつともいえる。しかし，直観的な正しさの内容が，人によって，あるいは同一人物の複数の判断における根拠において，異なることがあり，複数の直観主義的正しさの規準が並立するとき，そのどれを選択するべきかを示すことができないという短所がある[注7)]。

ここで第三の倫理学説のタイプを説明するために，もう一つの思考実験をしてみよう。我々にとって理想の政治家とは，どのような人物だろうか。高潔で倫理的な政治家がよいとするなら，いかなるときも嘘をつかない人が良い政治家になるように思える。しかし，政治家はその務めを果たすために，嘘をつかなければならないかもしれない。実際，嘘もつけない人物を，我々は頼りがいのある指導者だとみなさないのではないだろうか。政治倫理は，通常の倫理と異なる内容をもつ，という考え方もある[注8)]。しかし，もし嘘をつくことが政治家に許されるなら，政治家はそのことを利用して自己利益を追求し，腐敗するようになるだろう。歴史学者アクトンの「権力は腐敗する。絶対的権力は絶対に腐敗する」という警句は妥当性が高い。我々には，政治家の行動を制約する厳しいルールが必要である。しかしながら，そのようなルールによってがんじがらめになった政治家は，例えば緊急事態のような場面に，必要な行為を強力に推進できなくなってしまうのではないか。

こうして我々は再びジレンマに陥る。第三のタイプはこのジレンマに応えてくれるように見える。それは行為者の善さ，つまり卓越性に注目する。嘘をつくようなルール破りは，必要にかられてすべきときがあるかもしれない。しかしそうした例外を認めれば，既にみたように政治家の腐敗の可能性が高まる。そのような可能性を低める一つの方法は，行為者である政治家の善き性格に訴えるものである。例えば，ルール破りにためらいを感じる精神的傾向をもつ者と，そうでない者の違いは大きい。あるいは，我々が政治家にそうした例外を認めるという判断をする際に依拠する規準は，その人物が信頼に値するかどうかであり，そうした判断は，その人物がこれまでに行ってきた諸行為，とりわけ卓越した行為に基づくであろう。ルール破りをしてでも優れた行為をするだろうと信頼できる人物は，卓越した人物であると，つまり徳のある人物であるといえる。徳こそが，倫理学の主題となる。こうして，第三のタイプを卓越主義（perfectionism）と呼ぶことができ，その代表的な倫理学説として徳倫理学があげられる[注9)]。

卓越主義は，一見，帰結主義と直観主義のジレンマを解くように思える。しかし，卓越性に訴える徳倫理学にも短所がある。いったいどのようにして卓越性を測ることができるのかは，決して自明ではない。徳倫理学の一種だといえるアリストテレスの倫理学は，我々の時代の社会よりは，ずっと小規模で流動性の少ない社会を前提にしていたので，その当時特定の人物が有徳であるかどうかは，はるかに容易に判断できたと想像できる。しかし，そのような古代ギリシア社会においても，人が有徳であるかどうかの判断はかなり論争的なものであった。この点に加えて，現代社会における民主主義的エートスの浸透を考えると，徳倫理学が想定する人物像はエリート主義的に過ぎるようにもみえる。そして，卓越主義が悪用されるなら，帰結主義以上におぞましい抑圧を正当化しかねない。

既に述べたように，我々に必要なのは万能の，完全な倫理学説ではない。そして，倫理学説のタイプが，以上の三種類に限られるわけでもない。とはいえ，少なくとも現代の我々の生の一般的な在り方を考えると，帰結主義，直観主義，卓越主義は，主要なタイプだといえる。そしてこの三種の学説の理解が高まれば，倫理的問題に関する我々の理性的な理解は非常に高まるであろう。倫理学の重要な役割は，メタ倫理学的学説や，規範倫理学的学説を提供することで，我々の自己理解を深める点にあるといえる。

4. 応用倫理学

メタ倫理学も規範倫理学も，我々が実際に直面する個別具体的な問題に，必ずしも直接的な解答を与えるものではない。はたして，倫理学はそれでよいのか。このような疑問から，1970年代頃，倫理学における新しい潮流が生まれた。つまり，理論と実践が乖離しているという批判に対して，倫理学の理論的成果を具体的な問題に利用するという，応用倫理学と呼ばれるジャンルが生まれたのである。具体的には，医療倫理学や企業倫理学，環境倫理学と呼ばれる仕事がいち早く成果をあげた。つまり，医療や企業，環境の領域において，新しい技術の開発によって，新たな問題が生じたり，急激な進歩が期待できるようになったりすると，人間の生の在り方が深刻な変容を被ることが確実になった。そこで不可避的に生まれる倫理的問題に，倫理学的にアプローチする人びとがでてきたのである。この時期から，例えば，脳死，臓器移植，堕胎，実験における人間や動物の扱い，人種差別，性差別，情報管理，労働におけるリスク，地球資源の有限性，人口爆発，環境汚染，といった深刻な問題が公共的に認識されるようになった。当初は，こうした具体的問題に実際に関係する人びとが，応用倫理学的アプローチを模索したが，やがて倫理学やその隣接領域である哲学や法学，政治学に携わる専門家がそのような試みに参加していったのである。

ここでは，応用倫理学的アプローチの一般的な考え方を確認しておこう。応用倫理学というのは，倫理学における理論と実践を架橋するものだといえる。一方において，一般性を志向するメタ倫理学や規範倫理学は，理論的性質が強いものだといえる。他方において，倫理的問題の実践は，つねに個別具体的である。倫理学理論は，問題を一般的な仕方で定式化し，倫理の実践は，偶有的で個別的な問題を扱う。応用倫理学はこうした二極をつなぐ試みであるが，それは決して一方向的ではない。つまり，倫理学の理論が，個別具体的ケースに適用されて，何らかのルールや命令が作られたりすることもあれば，実践のなかで練られた倫理的信念が，倫理学の理論に影響を与えたりする。実践の変化が激しいことを前提にするなら，このような理論と実践のあいだにダイナミックな往復運動があることが必要になる。

理論と実践の往復運動は，上から下への運動と，下から上への運動の往復としても理解できる。この往復運動は，循環的である。つまり，現実に問題があるとき，一般原理からはじめて現実問題の批判と克服に取り掛かることもあれば，現実の問題の知覚そのものが，すでに存在する倫理学的解決法への疑義と反省を生み出すこともある。論理的にいえば，この二つの方向の何れかが時間的に，もしくは規範的に優先するということはない。つまり，まず先に改善すべきなのは実践の方かもしれないし，理論の方なのかもしれないのである。これは，プラグマティックに（つまり，そのときに上手くいくと公共的に思われる仕方で）のみ，決まるものだと理解すべきである[注10)]。

医療倫理学[注11)]が典型的であるように，応用倫理学の考察対象は，何らかの専門職業や，専門性の高い技術であることが多い。本書が扱う諸問題も，専門諸科学が扱う領域における倫理であるという点では，応用倫理的なものであるといえるであろう。このような「専門性」という観点から応用倫理学を考える場合，内在的倫理と外在的倫理という区別が有用になる。何らかの専門職業，つまり特殊な技術や倫理的要求がある職業，例えば，医療，研究，報道，特定の製品（例えば武器や薬品）の製造業等に適用される倫理を考えるとき，そうした専門職業に内在的な視点と，外在的な視点がありうる。内在的な視点は，特定の実践に実際に参与している者が，経験を通じて獲得するものである。例えば，野球やサッカーのような特定のスポーツを長年実際にしている者は，とりわけ専業職業として携わる者は，そこで行われている集合的行為の意味に精通するであろう。こうした視点は，その実践において何が優れた行為なのか，何がすべきでない行為なのか，という判断をするうえで重要な役割を果たす。倫理の原義が生活習慣であったことを思い起こすなら，ここで獲得されるのは，特定の実践における倫理を把握する能力だといえる[注12)]。

こうして例えば医者は，医療現場における倫理的判断に関して，卓越した判断を下すのに必要な内在的な視点をもつ可能性が高いことになる。もしもこれだけで，当該の問題に十分な解決が可能であるなら，いわゆる応用倫理学が必要になることはなかった。内在的倫理だけでは不十分であるがゆえに[注13)]，外部からの視点，つまり外在的な視点が必要になる。専門の倫理学者こそが，こうした外在的な視点を提供できるといえる。実際，倫理学には規範倫理学というかたちで，外在的倫理のストックがある。こうして内在的倫理と外在的倫理の総合が，応用倫理学を産み出すといえる。ただし，このような総合が容易になされるとは限らない。内在的倫理には，閉鎖的な論理が生まれる可能性がある。医者は，医者の利害関心[注14)]を優先する判断を下すかもしれない。それに対して外在的倫理には，実践性の欠如があるかもしれない。学問としての倫理学では通用する一般原理が，医療のような特定の領域においては，実現可能性が低かったり[注15)]，医療の進歩を妨げたりするような指針を生むかもしれないのである。内在的な視点と外在的な視点のあいだには，緊張関係があって当然なのであり，そのことを前提とした不断の総合の試みが，応用倫理学の営みなのだといえる。

5．専門諸科学と倫理

本書の試みは，社会科学や工学といった，専門諸科学に携わる者がもつ内在的な視点から，現代の問題を考慮しつつ，すでに蓄積されてきた，内在的倫理と外在的倫理の交流を使用して，倫理の問題を論じるものだといえる。もちろん，すべての著者が，本章が描いてきた方法的意識を共有しているわけでない。学問探究そのものに内在する倫理を論じる者もいれば，学問の対象としての倫理を論じる者もいるであろう。倫理の論じ方はさまざまあるし，学問ごとに特有な倫理の捉え方がある。この章で示されたかなり抽象的で一般的な議論は，以下の章で展開される議論を総合的に理解し，それをどのように現実に当てはめるのかを考えるうえでの，助けとなることを意図している。

内在的な視点と外在的な視点の総合（もしくは弁証法）という考え方は，本書全体にも適用できる。本書が提供するのは，専門諸科学という，アカデミズムにおける内在的な視点を表象している。一般読者は，その多くがこのアカデミズムの外側から，外在的な視点をもって，ここでの議論を批判的に考察すべきである。倫理学の重要な特性の一つが，それがすべての人の生と関連している点にある。人は誰であれ，何らかの倫理に通暁しているのであり，人びとの実際の生活習慣と完全に切り離された倫理学などありえない。応用倫理学という営みは，すべての人に開かれているのであり，普通の人びとの参与こそが，応用倫理学的な営みを発展させるものなのである。

〉〉注

注1）マッキンタイアー 1985，第2章を参照。

注2）ここでは問題をいささか単純に説明している。科学的に倫理を解明すれば，自ずと実質的な内容を指し示すことになる，という立場から，倫理学が実質的倫理内容を論証できると考える立場もあるからである。ここでの論点は，実質的内容を指し示すことよりも，科学的な形式的手続きを踏むことを重視する考え方が優位になっているということである。

注3）功利主義においては，児玉 2012を参照。功利主義に関する本格的な学術的批判・検討に関しては，セン／ウィリアムズ 2019を参照。

注4）カントについては，坂部 2001を参照。カント倫理学については，カント 2012を読むのが最善であるが，齋藤 2019が参考になる。

注5）倫理学説の比較による倫理的思考の学習としては，「トロリー問題」（ないしは「トロッコ問題」）が有名である。例えば，エドモンズ 2015やカスカート 2015を参照。この議論を日本で有名にしたサンデル 2011は，さまざまな代表的倫理学説の比較を簡潔にしている。児玉 2010も参考になる。

注6）この論争に関する古典的な著作が，カント 2002である。

注7）直観主義とその批判に関しては，ロールズ 2010第1章，第7・8節を参照。

注8）詳しくは，本書第5章における「汚れた手」の議論を参照。

注9）徳倫理学については，ラッセル 2015と加藤／児玉 2015を参照。

注10）このような往復運動の洗練された議論として，ロールズの反照的均衡の議論がある。ロールズ 2010第1章，第9節と，井上 2018第2章を参照。

注11）医療倫理学に関しては，赤林 2017，赤林 2007，赤林／児玉 2015を参照。

注12）内在的な視点に関しては，マッキンタイア 1993第14章を参照。マッキンタイアの徳倫理学に関しては，山岡／齋藤 2017第5章を参照。

注13）例えば，堕胎や尊厳死の問題を考えるとき，「生命」「人格」「善き生」といった，極めて論争的な概念を不可避的に考察せざるをえない。もちろん，医療従事者にもこうした概念に関する理解はある。しかしながら，医療従事者集団の内部で統一した理解が得られるとは限らないし，内在的な理解を医療の世界の外部における理解に対して正当化することも容易ではない。

注14）この「医者の利害関心」は，決して個人の利益追求だけを意味するものではない。医者という職業や，医療という技術，医学という学問全体を考慮するこ

とも意味する。それは利己的ではないかもしれないが，その業界の外側からみたなら，偏向した利害関心であるとみなされるかもしれない。

注15）外在的な視点が内在的な視点に対して劣るのは，特に技術的な側面である。現代社会においては，専門職業においては高度に専門化された技術が支配していることが多く，その外部にいる者には容易にその含意を理解できないことがある。

《学習のヒント》

1．メタ倫理学について再考し，それが倫理的な生き方の追求とどのような関係性をもつと思えるか，考えてみよう。

2．トロリー問題について調べて，帰結主義，直観主義，卓越主義の考え方から，どのようなことがいえるのか，考えてみよう。

3．自分が実際に携わっている職業や，何らかの実践について再考し，内在的な視点と外在的な視点から，どのようなことが理解できるか試してみよう。

参考文献

赤林朗編（2007年）『入門・医療倫理Ⅱ』勁草書房。

赤林朗編（2017年）『改訂版　入門・医療倫理Ⅰ』勁草書房。

赤林朗・児玉聡（2015年）『入門・医療倫理Ⅲ』勁草書房。

井上彰編（2018年）『ロールズを読む』ナカニシヤ出版。

エドモンズ，デイヴィッド（2015年）『太った男を殺しますか？――「トロリー問題」が教えてくれること』鬼澤忍訳，太田出版。

奥田太郎（2012年）『倫理学という構え』ナカニシヤ出版。

カスカート，トーマス（2015年）『「正義」は決められるのか？――トロッコ問題で考える哲学入門』小川仁志監訳，かんき出版。

加藤尚武／児玉聡編・監訳（2015年）『徳倫理学基本論文集』勁草書房。

カント（2002年）「人間愛から嘘をつく権利と称されるものについて」谷田信一訳

（『カント全集　13』岩波書店に所収）。
カント（2012年）『道徳形而上学の基礎づけ』中山元訳，光文社文庫。
児玉聡（2010年）『功利と直観——英米倫理思想史入門』勁草書房。
児玉聡（2012年）『功利主義入門——はじめての倫理学』ちくま新書。
サンデル，マイケル（2011年）『これから「正義」の話をしよう』鬼澤忍訳，ハヤカワ・ノンフィクション文庫。
斎藤拓也（2019年）『カントにおける倫理と政治』晃洋書房。
坂部恵（2001年）『カント』講談社学術文庫。
セン，アマルティア／バーナード・ウィリアムズ編著（2019年）『功利主義をのりこえて——経済学と哲学の倫理』後藤玲子監訳，ミネルヴァ書房。
星野勉，三嶋輝夫，関根清三編（1997年）『倫理思想事典』山川出版社。
バッジーニ，ジュリアン／ピーター・フォスル（2012年）『倫理学の道具箱』長滝祥司・廣瀬覚訳，共立出版。
マッキンタイアー，A.（1985年）『西洋倫理思想史』（上）（下）菅豊彦他訳，九州大学出版会。
マッキンタイア，アラスデア（1993年）『美徳なき時代』篠崎栄訳，みすず書房。
ラッセル，ダニエル・C. 編（2015年）『徳倫理学』立花幸司監訳，春秋社。
ロールズ，ジョン（2010年）『正義論　改訂版』川本隆史・福間聡・神島裕子訳，紀伊國屋書店。
山岡龍一／齋藤純一編著（2017年）『改訂版　公共哲学』放送大学教育振興会。
Beauchamp, Tom L. (2003), “The Nature of Applied Ethics” in R.G. Frey and Christopher Heath Wellman eds. *A Companion to Applied Ethics*, Blackwell Publishing Ltd.

2　社会科学における倫理

松原隆一郎

《目標＆ポイント》　自由が社会の基本となった近代において，それでも求められる「倫理」はどんな原理によって成り立っているのか。功利主義・リベラリズム・コミュニタリアニズムにつきそれぞれの骨子と対立点を理解する。
《キーワード》　近代化，生産要素，正義，善，余剰分析，功利主義，リベラリズム，コミュニタリアニズム

1. 近代社会と倫理

近代以前の封建社会においては身分制を中心として様々な慣習や規制が存在し，一般民衆にとって行動の自由は著しく制限された。とりわけ土地・労働・資本（資金）の取引は，厳しい制約におかれた。日本に即して言うと，士農工商やそれ以外という身分制が職制をも兼ねていたため，職業選択の自由はなきに等しかった。土地については，寛永20（1643）年に徳川幕府が田畑永代売買禁止令を制定していた。労働にせよ土地にせよ，自由な売買は基本的に禁じられていたのである。

明治維新は政治体制の転換という表面が注目されるが，背後における労働市場や土地市場の自由化も重要である。身分制の解体は，職業選択の自由化も意味していた。依然として残っていた大家族・長子相続制度のもとにあって分家や養子になれず，独立もできなかった男子や女子は，家の田畑から移動することが可能になり，多くが都市に流入していった。開港された神戸や横浜，長崎では，沖に碇を降ろした巨大蒸気船から石炭を始めとする物資を積み降ろす「沖仲仕」と呼ばれる仕事が発生し，

人々が浜と巨大船との間を艀(はしけ)で行き来した。そうした仕事は多くが日雇いで，初期の労働市場を形成した。短期の雇用が賃金によって値付けされ，仲介者と労働者が合意して仕事が遂行されたのである[注1)]。

土地にかんしても，明治5（1872）年に田畑永代売買禁止令が廃止され，翌年に土地の所有権を示す地券（壬申地券）が公布された。幕末までにも，年貢を納められず，代行してもらうための担保であった土地の所有権が流れる形で実質的に土地の売買が生じていたが，土地の私的所有が公認されたことで，土地売買の自由化も公認されたのである。

消費財の商品市場は洋の東西を問わず近世においても存在したが，値付けは必ずしも市場が財の需要と供給にもとづいて行ったわけではなく，「妥当な価格」（公正価格）といった観念が支配的であった。ところが日本では，江戸時代の享保15（1730）年に大坂の堂島に開設された「米会所」において，先物も含め需給により市場価格が設定されていた。高度に集中した市場が存在したわけで，明治維新以降にそれに倣って労働や土地といった生産要素の市場が編成されていった。

ここでことさらに生産要素市場の形成に触れるのは，それが一般の商品とは異なり，経済以外の領域に分離しがたく埋め込まれていたからである。封建社会において，労働は様々な規制のもとにあった家族やコミュニティ（村）の人間関係において遂行された。それに対し，個人の労働が自由に売買されるようになると，家族やコミュニティを維持すべく自由な意思決定や行動になお規制をかけるべきか否かが問題として浮上する。土地についても同様で，農地や地下水，山林や河川の利用には，様々な掟が張り巡らされていた。土地が自由に売買されると，それにもなお規制をかけるべきか否かが問われた。

自由にいかなる規制をかけるべきかは，「倫理」を問う形で論じられた。封建時代においても，武士は「御家の名誉」を懸けて行動した。けれどもそれはほとんど宿命であり不可避の義務であったから，議論の余地は少なかった。自由化の時代になり個人によって考え方が多様化して初めて「人はどう生きるべきか」，「何を倫理的に良いとすべきか」が本格的に論じられるようになり，それでもなお残すべき規制とは何かが考察された。

もちろん，自由といっても何をしてもよいのではなく，法による規制は必須である。独裁制を採らない近代国家において，「法の下の自由」は基本原理である[注2)]。そして法以外にも，「違法であっても倫理には適う」という意味での倫理や，地方公共団体が発布する条例も存在する。本書では，「法の下の自由」における倫理のあり方を中心に，各章で検討していく。

「法」は市場取引の前提となる私的所有権を制定したり（第９章），情報のあり方を指示（第10章）したり，会社制度の仕組み（第11～14章）を定めている。また経済活動が引き起こす環境問題や都市問題への対策を講じ（第７，８章），自由といっても「何をしてはいけないか」の境界を定めている。また法を制定するのは政治（第５章），その過程に影響するのは宗教（第６章）で，国内法と国際社会との関係は国際法が考察する（第４章）。さらにこうした考察を下支えする社会調査（第３章）という営みについても倫理的であるかが問われる。これら全体の相互関係については，単純化した図式を第15章の末尾（p.253）に掲載した。

各人がいかに生きるべきかは「善」の追求と呼ばれ，各人に委ねられている。法をいかなるものにするかは，社会における「正義」の実現にかかわる。第１章では倫理とは何かを問う「倫理学」につき概説したが，本章ではこれ以降，第１章３節で紹介した功利主義・直観主義・卓越主義という立場が，近代においては功利主義・リベラリズム・コミュニタリアニズムによっていかに継承され，論争しあったのか見ていこう。

2. 最低賃金制は正当化できるか

一例として，労働市場にかんしどのような問題が倫理として語られてきたかを考えてみよう。日本では最低賃金法が昭和34（1959）年に制定され，第1条でその「目的」が述べられている。

> この法律は，賃金の低廉な労働者について，賃金の最低額を保障することにより，労働条件の改善を図り，もって，労働者の生活の安定，労働力の質的向上及び事業の公正な競争の確保に資するとともに，国民経済の健全な発展に寄与することを目的とする。

最低賃金法は続けて，雇用する者は規定された最低賃金以上を支払わなければならず，それに達しない雇用契約は無効であると謳っている。これは賃金の安い労働者であっても，「健康で文化的な最低限の生活を営むことができる」（第9条3項）よう制定された法で，日本国憲法でも第25条に同様の条文があり，社会権のひとつである生存権および国の使命を規定している。社会権という正義を実現しようとしているという意味では，これらはリベラルな発想にもとづく法といえるだろう。

ところが経済学者の多くは，最低賃金法を批判している。生存権を無視して構わないというのではない。最低賃金法は「価格規制」であって，助けようとしている労働者にも損害を与えるというのである。最低賃金法は一見したところ低廉な賃金で働かざるを得ない労働者に生存権を保証するかに見えるが，市場のメカニズムからすればむしろ生存権を損なっている，というのだ。どういうことか。

最低賃金制度に反対する経済学者の主張とは，次のようなものである。

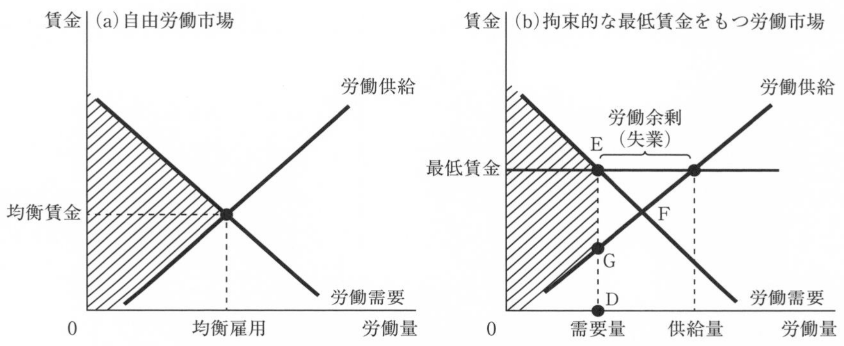

図2－1　自由労働市場と拘束的な最低賃金をもつ労働市場

最低賃金が設定されていない場合，労働に対する需要と供給が図2－1の（a）の状態だったとしよう。均質な労働に対する需要量は，賃金が上がれば減るのが一般的である。それゆえ労働の需要曲線は右下がりになる。それに対し家計が提供する労働の供給量は，賃金が低い領域では上がれば増えるのが一般的である。したがって労働の供給曲線は右上がりである。賃金が自由に変動するとして，安すぎれば労働に対する需要が供給を超過し，満たされない需要が残ると，雇用主はより高い賃金を支払おうとして賃金は上がるだろう。逆に賃金が高くて労働の供給が需要を超過するなら，労働は余って賃金が下がるだろう。そうした調整の結果，労働に対する需要と供給は均衡賃金で一致する。

ここで最低賃金制度が施行され，（b）のように均衡賃金を上回る最低賃金が設定されたとしよう。ここでは労働を供給したい量が需要量を超過するため，供給に余りが出て余剰労働（失業）となる。なるほど就業者は文化的かつ健康的に生活するに足りる賃金を得られるが，失業者はそれを得られない。この失業者には最低賃金に見合う生活保護を別途実施するというのが実際に行われている施策だが，それならば最低賃金を設定せず，均衡賃金で働きたい者が全員就業した上で，不足分を保障すべきだというのが経済学者の考えだ。

それを説明するために，N.G. マンキューの余剰分析を紹介しよう[注3)]。稀少な財があるとして（ここではエルヴィス・プレスリーのアルバム），それを欲しい人が4人（ジョン，ポール，ジョージ，リンゴ）いるとしよう。そのアルバムの価格が1枚で100$を超えると誰も買おうとはせず，80$から100$の間だとジョンだけがその価格を支払って1枚買うとする。70$と80$の間だとポールも買いたいと意思表示するとすれば，2枚売れる。50$と70$の間ならばジョージも買い手に加わるので3枚が売れ，50$以下だと4人とも買いたいので4枚が売れる。ここで100$はこのアルバムに対するジョンの支払い許容額，80$はポール，70$はジョージ，50$はリンゴの支払い許容額である。したがって階段状に右下がりとなる需要曲線は，価格がそれ以上に高いと支払いを拒絶する「限界的な買い手」にとっての支払い許容額を表現しているともいえる。

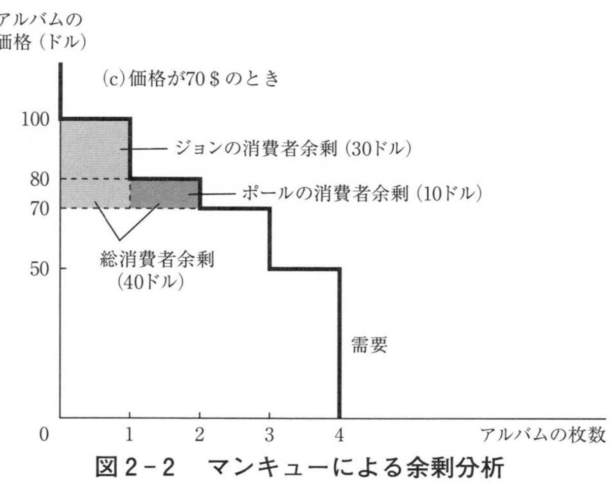

図2－2　マンキューによる余剰分析

ここで価格が仮に70$だとしてみよう。このとき，ジョン，ポール，ジョージの3人がそれぞれ1枚ずつアルバムを買う。けれども事情は各人で異なり，ジョンは100$まで支払って構わないと考えていたのに70$の支払いで済んだのだから，差引き30$だけ「お得感」を得ている。これを「消費者余剰 consumer surplus」と呼ぶ。80$まで支払って構わないと考えているポールの消費者余剰は10$だが，ジョージは0だ。

各人の支払い許容額は，1枚のアルバムに対する満足度を金銭に換算した額である。それゆえ総消費者余剰は，価格だけの金銭支払いと交換にアルバムを得るという行為から得られる満足度を，3人について足し合わせた額になる。価格が70$のときの総消費者余剰は40$である。厳密に言うと，ここでは人によって異なるはずの満足度が総和できると前提されている。こうした「満足度」を「効用 utility」と言い，なかでも個人間で共通の尺度を有し，足し合わせることが可能な満足度を「基数的効用」と呼ぶ。

供給についても同様に考えてみよう。エルヴィスのアルバムを1枚もっとも安上がりな費用Paで製作しうる業者Aがおり，次に安上がりの費用Pbで製作しうる業者をB，その次がPcでC，もっとも費用のかかる業者がPdでDとしよう。Paが1枚目，Pbで2枚，Pcで3枚，Pdで4枚と右上がりの供給曲線が描かれる。もし価格がPcでA，B，Cの3人に製作の依頼があったとすると，AはPc－Pa，BはPc－Pbだけ儲かることになる。Cは費用と価格が同額なので利益は0である。ここで水平の価格線と供給曲線の間の部分が総利益となる。この総利益は総生産者余剰と呼ばれる。

最低賃金制に話を戻すと，図2－1の（a）において均衡価格で総余剰は総消費者余剰と総生産者余剰の和だから，斜線の範囲である。それに対して最低賃金が労働市場の均衡価格よりも高めに設定されると，図2

−1の（b）のように取引量はODになり，消費者余剰は最低賃金以上の部分，生産者余剰は以下の部分であるから，併せて斜線部となる。ここで最低賃金制が課せられた場合（a）と課せられない場合（b）を比較すると，余剰は最低賃金制のある方がEFGだけ減少してしまっている。社会にとってより多くの余剰が生まれる方が良い状態だとすれば，最低賃金制は撤廃した方が良いことになる。

余剰は金銭で表現された効用の総和であるが，社会における効用の総和をなるべく大きくすべきだとする考え方は「功利主義 utilitarianism」と呼ばれる。それを「最大多数の最大幸福」という言葉で定式化したJ. ベンサムは，「効用原理 the principle of utility」について「その利益が問題となる人々の幸福を，増加させるように見えるか，それとも減少させるように見えるかの傾向によって・・すべての行為を是認し，または否認する原理を意味する」[注4)]と述べている。マンキューが教科書にまとめた現代のミクロ経済学は，功利主義を余剰分析という形で取り込み，その上で市場は通常，統制を受けない方が社会的な効用を増加させると主張しているのである。

3. 功利主義とリベラリズム

このように功利主義は，各人が自由に意思決定を行う際，全体としての社会にかんしどのような規制ないし政策を採るべきかについて明快な指針を与えてきた。それが「最大多数の最大幸福」という標語で要約される倫理である。A. センに従ってその特徴を挙げると，第一は「帰結主義」，すなわち各人の行為は動機にかんしてではなく，それが引き起こした結果だけで評価されるということにある。それには，目的（善）にかなう結果を導くよう行動を選ぶという目的合理性を人々が持ち合わせていることが必要になる。第二は「厚生主義」で，善にも各種あるなか，効用や幸福，満足や欲望にもとづいて評価を下すというものである。第三は「総和主義」で，社会にかんする意思決定は各人の効用を総和して行うというものである[注5)]。

M.サンデルが挙げる例を紹介しよう[注6)]。あなたは路面電車の運転手で，電車は時速60マイルで疾走している。前方を見ると５人の作業員が線路上に立っている。電車を止めようとしたがブレーキが効かない。５人をはねれば全員が死ぬ。ふと見ると右側にそれる待避線がある。そこにも作業員がいるが，１人だけだ。ここでどうすべきか。このまま直進すれば５人が死ぬ。待避線へ進入すれば死ぬのは１人だけだ。ともに何の罪もない５人をはねるか，１人をはねるか。二択しかなければ，いずれを選ぶべきか。ここで待避線へと進入すべきと答えるのが功利主義の立場である。５人を犠牲にするか１人だけを犠牲にするかの選択では，より少ない１人の犠牲で済ませる方が良いとみなすからだ。

ところがこれには反論がなされている。別の設定で考えよう。あなたは傍観者で，この暴走列車を橋の上から見下ろしている。電車の前方にはやはり５人の作業員がいて，電車はブレーキが効かない。ふと横を見ると，同じ橋の上にでっぷりと太った男がいる。この男を突き落とし，電車の前に着地させれば電車は太った男と衝突して急停止するだろう。男は即死するだろうが，５人の作業員は助かるに違いない（ただしあなたは軽量で，飛び降りたとしても列車を止められないとする）。この場合，何の罪もない太った男を突き落とすべきか，何もせず５人がはね殺されるのを看過すべきか。

ここでも太った男を突き落として５人を救うべきと答えるのが功利主義の立場である。ところが今回は，１人を犠牲にして５人を救うことには何か違和感が残ってしまう。待避線の例では５人か１人かいずれかが犠牲になるのは不可避であった。それに対し今回は，あなたが太った男を突き落とすという考えを持ったせいで，５人が死ぬか１人が死ぬかという二択問題が成立した。待避線の例では，ともに不可避の死者の数が二択の対象となった。それに対し橋の例では，太った男を，意思や人格のある人間ではなく，あたかも巨大な障害物であるかのように扱おうとするのはあなたの自由意志である。後者の場合，犠牲者の数を減らして不幸も減じるといった総和主義に対する違和感は，太った男を重さあるモノにすぎないとみなし，一個の尊厳ある人格として扱わないところから生じている。ここでI. カントは，自分や他人を尊厳ある人格として扱えと唱える[注7)]。

カントは，功利主義が欲望や満足を倫理の基準とすることに注目する。人間が快楽を好み苦痛を嫌うという観察は正しい。けれども快楽や苦痛といった満足や欲望は移ろいやすく，偶然や人によっても変わってしまう。中毒的に好きになったり，習慣でたまたま選ぶといったことがあるからだ。それに対して倫理的な選択は，自律的すなわち自分が定めた法則に従うものでなければならない。自律的な行動には，尊厳が伴う。自分や他人が人格を有する人間であれば，その尊厳は尊重されるべきで，モノ同様に扱われてはならない。尊厳が踏みにじられるからだ。人間は手段としてではなく，目的として扱わねばならない，と。

経済学の革新とともに，功利主義は余剰分析のごとく形式的に整備された表現をとるようになった。それに併走するようカントの提案を現代化したのが，J. ロールズの『正義論』である[注8)]。ロールズは自由な社会を，人々が満場一致で同意して契約されるものとみなす。そして意見の異なる万民によって合意されうる正義を求めて，「正義の２原理」とそれが採択されるための条件を考察した。

ロールズによれば，異なる「善」を構想する人や集団においては利害や信条，社会的地位もまた異なり，いずれかの人が目指す「善」が原理として合意されることはない。それにもかかわらず何らかの原理が満場一致で合意されるとすれば，その条件として，人々が自分はどのような善を支持し，いかなる政治的意見を抱き，所属する階級や性別，民族が社会の中でどのような位置にあるのかをまったく知らないという「無知のヴェール」がありうる。そうした「原初状態」において万民が無知であれば，自分だけが有利になるような合意を目指すことが不可能だからだ。

自分は世界一の金持ちになれるかもしれないが，もっとも貧乏になるかもしれない。そうした状況においてなおできる限り不利にならないようにするには，最悪でもみすぼらしくない状態が確保されるようにするのが合理的であろう。考えうる最悪の状態の中でもっともましな状態を選ぶことは，「マクシミン戦略（maximin principle）」と呼ばれる。そこで選ばれるのは以下の原理だとロールズは主張する。第一が，言論の自由や信教の自由など，基本的自由がすべての人に平等に与えられるという原理である（平等な自由）。まずそれが満たされたならば，第二に，社会において競争の機会が均等に開かれている限りで，容認される社会的・経済的な不平等は，もっとも不遇な立場にある人の利益を保障する程度までとする（機会の均等と格差原理）。ただし，誰が有利であり誰が不遇であるのかを測定する指標は，功利主義のような効用ではなく「社会的基本財」，すなわち（1）自由と機会，（2）所得と富，（3）職務と地位にむすびついた権力，（4）自尊心の社会的基盤などから構成されるとする[注9)]。

ロールズはこうした「正義の2原理」を打ち出して，功利主義への批判を試みた。功利主義においては，効用の総和をより大きくするために，一部の犠牲も厭わない。功利主義は市場に最低価格を導入することに反対するのだから，一見したところ自由放任や格差放置を主張するかに思われるかもしれない。ところが基数的効用という考え方が所得分配にも適用されると，むしろ強力に再分配を施して，所得を完全に平等にすべきという結論が導かれる。

A.C. ピグーは，所得の高い個人から低い個人へと所得を移転するならば，社会全体の総効用は増加すると主張している[注10)]。各人の効用関数が同じとして，所得額から各人が得る効用が同量であり，しかも効用は所得が増えるごとに逓減していく（限界効用の低減）ならば，より高い所得を得ている個人にとっての所得１単位（日本では１万円）当たりの効用は，より低い所得を得ている人にとってのそれよりも小さい。従って高い所得を得ている人は，低い所得の人に所得を移転すべきである，それによって社会の総効用が増大するからだ，と言うのである。

これは効用を個人間で比較可能であるとし，さらに所得から得られる効用の大きさも同じと仮定したときに導かれる結論で，この考えによれば総効用がもっとも大きい社会は所得が完全に平等な社会ということになる。こうした仮定のもとでは，社会の総効用を高めるために，高所得者は所得を低所得者に移転させなければならない。

ロールズは功利主義によるそうした命令が，個人の自由や人格の尊厳に対する侵害に当たるとみなした。そこで一方では工夫し努力するという個人の自由，およびその結果として生じる格差を容認しつつ，他方で格差が誰にとっても受け入れ可能な範囲に収まるよう，もっとも貧しい人が得る社会的基本財がその人の人格の尊厳を擁護しうるようなリベラルな社会を構想したのである。

4. コミュニタリアニズムの主張

ここまで，市場が自由であれば総効用は最大になるとか，さらに分配において所得が均等であれば総効用は最大になるといった功利主義の立場を紹介し，それが個人の人格の尊厳を護るために生存権を保障する最低賃金や最低所得というリベラルな考え方とは対立することを述べた。ロールズはカントに従って，合意や契約によって社会は形成されると考えている。その底にあるのは，人間の尊厳は何ものにもとらわれず自由に選択するところに宿るという考え方である。人間は自由で独立した存在であり，みずから選択したことにのみ責任を負うのだから，他人からは信条や宗教を押しつけられてはならない。これがリベラリズムの根底をなす発想だ。

ロールズのこうした主張に厳しい批判を差し向けたのがM.サンデルによる第三の立場である。何事にも拘束されず選択し，自分が選択していないことには責任を負わない個人（負荷なき自我）を前提すると，社会が契約により生み出される以前から存在していた歴史や連帯，忠誠には意味がなくなってしまう。敷衍してみよう。日本人についていうと，いまや多くが戦後生まれとなっており，自分が選択しなかったことには責任がないのだとすれば，大半の日本人には前の戦争は責任がないことになる。これは直感的に言ってどこかおかしい。といっても，いつまでも現実に賠償責任を負えというのでもない。ある時点において，国家間で賠償の遂行が確認され同意されたならば，それもまた歴史的な事実となる。それにより賠償責任はなくなるが，過去の歴史において罪を犯したという記憶は継承されねばならない。それはアメリカ人にとって奴隷制や原住民虐殺が記憶すべき歴史だというのと同様だ。

人間の自我は何事にも制約されないのではなく，むしろコミュニティの伝統によってアイデンティティを与えられると考えるこの立場は，コミュニタリアニズム（共同体主義）と呼ばれる。コミュニタリアンは，歴史の制約を負うことのない個人は善を追求することもできないとみなす。私たちが自分の人生を理解できるのは，それをひとつの物語として，自分が登場する以前の物語とともに受け入れるからだ。物語には，他の登場人物たちがすでに編み出した歴史という文脈がある。

以上から，近代社会における倫理としては，功利主義，リベラリズム，コミュニタリアニズムの三つがそれぞれ拮抗しつつ，指針を提供していることが分かるだろう。社会科学において「倫理」という言葉が用いられたとしても，それがどのような前提で使われているのか見極めねばならないのである。

〉〉注

注１）松原隆一郎『頼介伝』苦楽堂，2018，第三部参照。

注２）「法の下の自由」という考え方につきもっとも強く主張した経済思想家は，H.A. ハイエクである。H.A. ハイエク『自由の条件』Ⅰ・Ⅱ・Ⅲ（原著1960，邦訳新版2007，春秋社），『法と立法と自由』Ⅰ・Ⅱ・Ⅲ（原著1960，邦訳新版2007－2008，春秋社）参照。

注３）N.G. マンキュー『マンキュー経済学Ⅰミクロ編』足立英之他訳，東洋経済，2000，p.191～193

注４）Bentham, Jeremmy, ‘An Introduction to the Principles of Morals and Legislation’ 1789（山下重一訳『道徳および立法の諸原理序説』『世界の名著38 ベンサム，J.S. ミル』，中央公論社，1979，p.11～12

注５）センによるこの解釈は，加藤 晋「社会科学における善と正義」宇野重規他編『社会科学における善と正義―ロールズ『正義論』を超えて』東京大学出版会，2015に手際よい紹介がある。

注６）Sandel, Michael ‘Justice：What's the Right Thing to Do？’, 2009（『これからの「正義」の話をしよう――いまを生き延びるための哲学 』鬼澤忍訳，早川書房，2010）

注７）Immanuel Kant ‘Grundlegung zur Metaphysik der Sitten’, 1785（中山元『道徳形而上学の基礎づけ』光文社古典新訳文庫，2012）

注８）John Rawls ‘A theory of justice’, 1971（川本隆史他訳『正義論』，紀伊國屋書店，2010）

注９）この２原理は，筆者なりに理解しやすく書き直してある。原文は「第一原理　各人は，平等な基本的諸自由の最も広範な（手広い生活領域をカバーでき，種類も豊富な）制度枠組みに対する対等な権利を保持すべきである。ただし最も広範な枠組みといっても（無制限なものではなく）他の人びとの諸自由の同様（に広範）な制度枠組みと両立可能なものでなければならない。

第二原理　社会的・経済的不平等は，次の二条件を充たすように編成されなければならない。(a) そうした不平等が各人の利益になると無理なく予期しうること，かつ (b) 全員に開かれている地位々職務に付帯する（ものだけに不平等をとどめるべき）こと。」『正義論』邦訳 p.84。なお，ロールズの主張全般に関する詳細な検討は宇野重規他編（2015）参照。

注10）Alfred. C. Pigou ‘The Economics of Welfare’ 1920,（『厚生経済学』山田雄三訳，春秋社経済学選書，1948）

《学習のヒント》

1．古代の哲学たとえばアリストテレスの「徳」の倫理学が現代の倫理思想と異なる理由として，市場経済を社会の中軸とみなすか否かがある。アダム・スミス『道徳感情論』（1752，講談社学術文庫，2013）を読み，それを確認しなさい。

2．マイケル・サンデル『これから『正義』の話をしよう』（原題『正義』，2009，早川書房，2010）では，功利主義・リベラリズム・コミュニタリアニズムのそれぞれの立場が，具体的な倫理的課題につきどう主張するかを考察している。それを参考に，３つの立場はどこに力点を置き，どう対立するのかを整理してみなさい。

参考文献

宇野重規他編『社会科学における善と正義―ロールズ『正義論』を超えて』東京大学出版会，2015
I. カント『道徳形而上学の基礎づけ』中山元訳，光文社古典新訳文庫，2012
M. サンデル『これからの「正義」の話をしよう――いまを生き延びるための哲学』鬼澤忍訳，早川書房，2010
H.A. ハイエク『自由の条件』Ⅰ・Ⅱ・Ⅲ，原著1960，邦訳新版，春秋社，2007『法と立法と自由』Ⅰ・Ⅱ・Ⅲ，原著1960，邦訳新版，春秋社，2007－2008
A. ピグー『厚生経済学』原著1920，山田雄三訳，春秋社経済学選書，1948
J. ベンサム『道徳および立法の諸原理序説』原著1789，山下重一訳『世界の名著38 ベンサム，J.S. ミル』，中央公論社，1979
松原隆一郎『経済思想入門』ちくま学芸文庫，2016
N.G. マンキュー『マンキュー経済学Ⅰミクロ編』足立英之他訳，東洋経済，2000
J. ロールズ『正義論』原著1971，川本隆史他訳，紀伊國屋書店，2010

3　社会調査と倫理

北川由紀彦

《目標＆ポイント》 社会調査は，社会学などさまざまな社会科学において用いられる，社会についてのデータ収集の手段の一つである。同時に，社会調査は社会の協力なくしては成り立たない営みである。そのため，調査結果の信頼性を高めるとともに，社会調査という営み自体への社会的信頼を確保する必要がある。この章では，そのために求められる倫理である調査倫理について概説する。

《キーワード》 調査倫理，説明と同意，プライバシー，立場性

1．社会調査と倫理

社会調査は，社会学などさまざまな社会科学において用いられる，社会についてのデータ収集の手段の一つである。また，学術研究目的以外でも，社会調査は，例えば政府などの公的機関が行う統計調査のように，社会に関する基礎的な事実を収集するためにも実施される。私たちが社会の一員として様々な判断を下したり様々な活動を行ったりする際，社会調査の結果はその根拠の一つとして参照される。その意味では，社会調査は，私たちが社会に参加し，また社会をよりよいものにしていくための基盤の一つであるとも言える。そうであるがゆえに，社会調査には，信頼できる方法で実施され信頼できる結果を提供することが求められる。

一方で，そもそも社会調査は，調査主体が調査対象である個人や集団に対して働きかけ（それはいわゆる「アンケート調査」のように質問紙を用いて行われる場合もあれば，インタビューという形式で行われる場

合もある）を行い，その働きかけに対する反応（質問に対する回答など）をデータとして記録・収集する，という営みであり，調査対象者の協力なくしては成り立たない。同時に社会調査は，調べた事柄を自分（調査者）以外の他者（必ずしも具体的な人物とは限らない，調査結果をまとめた集計表や報告書あるいは論文の読み手一般）に対して報告する過程までも含む一連の営みである――つまり，単に自分が知りたいことを知って自分が納得して終わりではない。この点において，社会調査は，社会からデータを得て，その分析をもとに何らかの知見を得たのち，それを社会に「投げ返す」ところまで行われて初めて完結する，いわばそれ自体が社会的な営みであるということもできる。

つまり，社会調査は，信頼できる結果を得るために信頼できる方法で実施されねばならない一方で，社会から信頼される営為であることも求められる。そのために調査者が遵守すべき倫理的な規準のことを調査倫理という。この章では，社会調査を行う立場の人間が調査を実施する際に遵守すべき調査倫理について概説していく。

2. 社会調査の倫理

■調査の企画・設計段階において（1）無駄な調査を行わない

調査を企画・設計する段階においてまず考えなければならないことは，その調査がそもそも必要な調査なのか，という点である。現代社会では，膨大な数の社会調査が日々行われている。そうした調査の中には，もしかしたら，自分がこれから調べようとしている事柄についてすでに明らかにしている調査があるかもしれない。一方で，自分で調査を企画して実施するには，時間もお金も労力もかかる。調査の相手方（被調査者）の協力も必要だ。せっかくエネルギーを費やして調査を実施しても，その調査の目的がすでに先行する調査によって達成されているのであれば，費やしたものの大半が無駄になってしまう。単に調査を行った人が損をするだけではない。調査に協力してくれた方の労力までも無駄にしてしまうのだ。

つまり，十分にその必要性が吟味されないままに企画・実施される調査は，社会的な損失をもたらしてしまう。また，そうした無駄な調査が社会の中で繰り返されてしまうことは，社会調査という営みそのものに対する社会的信頼の低下にもつながってしまう。したがって，まず，自分が調べたいと思っている事柄についてこれまでにどのような調査や研究が行われているかを調べることが必要である[注1)]。既存の社会調査の結果や先行研究などをチェックしたうえで，それでもなお分からないこと，明らかにしなければならないことがあって初めて，新たな社会調査の企画に着手がされるべきなのである。

■調査の企画・設計段階において（２）事前の下調べ

新たな調査を企画するにあたっては，その調査を有意義なものとするために，まず，そのテーマに関連する下調べが重要になる。調査を企画するまでの段階で収集した既存の統計調査や先行研究の結果を自分なりにまとめておくことももちろん必要であるが，自分が調査対象とする地域や団体が具体的に決まった段階で，それらについての情報も文献やwebサイトなどで可能な限り事前に収集・整理してまとめておくことが望ましい。質問紙調査にせよインタビュー調査にせよ，調査対象者に直接尋ねなくても文献などで調べることができることを対象者に尋ねることは先方に対して失礼であるし，先方に無駄な時間をとらせることにもなってしまうので，そうしたことにならないように，事前の下調べを入念に行うことが重要である。

■調査の企画・設計段階において（3）周到な調査設計

調査を設計する段階においてさらに気をつけなければならないことは，調べたいことを正しく把握できるように調査を設計するということである。

まず考えなければならないことは，調査対象の明確化と，適切な調査手法の選択である。社会調査において本来調べたい対象の全体を母集団と呼び，この母集団を構成する要素（個人など）すべてに対して行う調査を全数調査という。ただ，労力や費用などの制約から全数調査が困難であることも多い。そのため，多くの社会調査は，標本調査という形で行われている。標本調査とは，母集団の中から一部の個体を標本（サンプル sample）として選び出して（これを標本抽出／サンプリング sampling という），その標本に対して行う調査である。標本はあくまでも母集団の一部であって，本来知りたいのは母集団の状態であるから，標本調査では，標本に対して行った調査の結果から母集団の状態を推測するという過程をたどることになる。この過程では，できるだけ正確に推測を行うために，標本の規模（実際に調査を行う対象者の数）などの情報とともに統計学の理論（推測統計）が用いられる。

しかし，こうした過程の重要性が必ずしも十分に理解されないまま調査が漫然と実施されてしまうことで調査の信頼性が損なわれてしまうことがある。その例の一つが，2018年12月に発覚した「毎月勤労統計調査」における不正事件である。この調査は，統計法に基づく国の重要な統計（基幹統計）として事業所を対象に実施されている調査であり，その調査設計等に関する事項が統計委員会における審議を経て定められたうえで毎月実施されている。この調査に関して明らかになった不正の内容は，調査方法に関するものから事務手続きに関するもの，さらには社会調査に携わる者としての根本的な倫理に関するもの[注2)]まで多岐にわたったが，そのうちの１つに，調査方法と結果の取り扱いに関するものがあった（毎月勤労統計調査等に関する特別監察委員会 2019a, 2019b）。この調査では調査設計において「500人以上規模の事業所」については全数調査として実施することが定められていたのだが，東京都においては2004年１月から担当部署独自の判断で（つまり統計委員会での審議・承認を経ずに）約３分の１の事業所のみを対象とした抽出調査（標本調査）として実施され，またそのことについての報告もなされていなかった。しかも，（仮に標本調査とすることが手続き上認められたとしても）標本調査として実施した場合には，その結果から全体の数値を（誤差が定められた範囲内に収まるように）推計するために適切な計算処理（復元処理）を行う必要があったにもかかわらず，それも行われていなかった。こうした不正の結果として，その期間の調査結果については適切な推計がなされず，この結果に連動する雇用保険給付などの金額についても大規模な訂正処理が必要となるなどの社会的損失が発生するとともに，統計調査全般に関する信頼も大きく損なわれる結果となってしまった。

一方で，調査の内容の設計においても，結果の信頼性を高めるために守らなければならない原則がある。特に質問紙調査の場合，具体的な質問文の作成過程（ワーディングという）においてこうした原則を守らないと，尋ねるべきことについての回答が得られなくなってしまったり，結果が歪んでしまったりする。例えば，質問文の中でわかりにくい表現や一般的でない専門用語は使ってはならない。また，特定の価値判断を伴うような言葉（ステレオタイプという）も，回答を誘導する方向に作用するため使ってはならない。また，バイアス質問（biased question）も用いてはならない。バイアス質問というのは，質問文の中に特定の回答を誘導するような文章が混じっている質問のことをいう。例えば，

「今回の●●国の■■という声明に対しては国連から非難決議が出ています。ところであなたは●●国の声明についてどのようにお考えですか」という質問文がこれにあたる。この例では，最初の一文によって，回答者は，「国連も非難しているのならばやはり問題があるのだろう」という印象を与えられ，質問に対して，否定的な回答をしがちである。このような質問は，回答者の本来の意見を把握できないばかりでなく，世論誘導にもつながるので，社会調査においては用いてはならない。

■調査の実施段階において（1）——調査対象者への倫理的配慮

質問紙調査であれ，インタビュー調査であれ，調査を実施する段階において遵守すべき倫理の１つ目は，説明と同意（いわゆるインフォームド・コンセント）である。これは，その調査の目的や方法，意味，結果の公表方法などを調査対象者に説明して同意を得ることを調査実施の前提とするべきであるという考え方である。この中には，調査への協力自体が任意であることの他に，調査中であっても中断・拒否することができることなどについての説明も含まれる。

２つ目は，ハラスメント（嫌がらせ）の禁止である。調査の過程で対象者の人格や尊厳を傷つけるような言動や行為をすることの禁止であり，質問文の表現についての配慮——特定の属性の人を貶めたり不快にしたりするような表現を用いない——などもこの中には含まれる。

３つ目は，プライバシーの保護である。調査において収集された個人のプライバシーに関するデータは，外部に流出することがないように適切に管理し，分析結果の公表においても，対象者の意に反して個人が特定されることが無いように十分に注意をしなければならない。また，こうした点について事前説明にも盛り込むことが必要である。

以上の３点に関して注意すべきは，形式主義に陥らない，という点である。例えば，インタビュー調査などでは，調査の開始にあたって，調査の趣旨や調査を拒否する権利があることなどについて説明書を手渡しして説明し，同意書にサインをしてもらう場合がある。しかし，そのことは，“相手から同意を得たのだからあとはいくらでも調査してよい”ということを意味しない。調査の途中で「やっぱり嫌だから調査を中止してください」と明確に意思表示ができる人ばかりではないし，調査の趣旨説明をして最初に了解を得た段階では説明が十分に伝わっていなかった，ということもある。したがって，調査の途中でも，相手の様子に注意を払い，調査を継続してもよいか，心配な点がないかなどを適宜確認したほうが良い場合もある。また，仮に説明書・同意書を取り交わしたとしても，調査者と対象者とは完全に対等な立場なのではなく，両者の間には，データを収集する側／提供する側，書く側／書かれる側，という非対称の関係が存在する。対象者が「これは書いてもらってもかまわない」と話してくれたことであっても，調査報告書などにそのまま書いてしまうと読み手に偏見や誤解を与えてしまい結果的に対象者や関係者に迷惑が及んでしまうこともあるだろう。したがって，調査者は，調査中も調査後に結果をまとめる段階でも，形式主義に陥ることなく，自身と対象者との関係について出来る限り注意を払い，自分が行っていることが対象者に対してどのような意味を持つのか（あるいはどのような影響を与えるのか）について想像力を働かせる必要がある。

■調査の実施段階において（2）——謝礼についてどう考えるか

調査の実施段階において留意すべきもう一つの点が「謝礼の取り扱い」である。社会調査においては，調査対象者に何らかの金品を謝礼として提供する場合がある。このとき，対象者に過大な金品を謝礼として提供することは，慎まなければならない。調査者の側にそのような意図がなくとも，対象者の側に，調査に応じる義務があるかのような錯覚をさせてしまい，事実上調査を強制するおそれがあるためである。ただし，どの程度の謝礼だと「過大」になるのか，また，そもそも社会調査において対象者に対する謝礼はどのようであるべきなのかについては，調査方法や調査者と対象者との関係性（相手がどのように受けとめるか）によって必ずしも一様ではない。

初対面の人に対する質問紙調査の場合には，回答に要した時間分の対価として少額の文具や金券などを謝礼として提供することもある。だが，参与観察[注3)]などで長期間にわたって様々な人から協力を得た場合にはどうだろうか。金品による謝礼をするとすれば，誰に，どれだけの謝礼をすればよいのだろうか。人によっては，金品による謝礼を提供されること自体が心外（“私は調査の意義を理解したから協力したのであってお金が欲しくて調査に協力したのではない”）と受け取られ，それまでの信頼関係を壊してしまう可能性もあるだろう。量的調査であれ質的調査であれ，調査協力者への謝礼は，金品による謝礼だけが唯一の方法ではなく，後で述べる，調査報告書の配布や調査報告会の実施などによって調査の知見を対象者に還元するという方法もある（もちろんそれだけでもないだろう）。適切な謝礼のあり方については，調査の目的や文脈，調査者と対象者・協力者との関係などを考慮した上で，慎重に考えたいところである。

■調査結果をまとめる段階において

社会調査は，調査によって明らかとなったことを何らかの形でまとめ，調査者以外の他者に報告するところまで行って初めて一つの区切りとなる。一方で，社会調査は，調査対象者などの協力なくしては成り立たない社会的な営みでもある。そのため，調査の結果を調査報告書や論文という形でまとめて調査協力者にお返しするとともに（特別な支障がない限り）社会に公表することも重要である。公表の一般的な順番としては，まずは調査報告書によってその調査の全体像を公表し，その後に，調査データについてのさらなる分析や他の調査結果との比較，理論的な検討などを行い，論文を作成・公表していく，という流れになる。

調査報告書をまとめる段階で留意すべき点の１つ目は，できるだけ速やかに結果を公表する，ということである。社会調査のデータの分析には，数ヶ月から数年あるいはそれ以上の期間がかかる場合もある。調査報告書にはできるだけ最新の分析結果を盛り込んだほうがよいのだが，調査報告書の中にその調査の分析結果の全てを盛り込もうとすると（あるいはすべての分析が終わってから報告書の作成を，などと考えていると），報告書の完成自体がズルズルと遅れてしまい，調査協力者の信頼を損ねることにもなりかねない。つまり，分析の深度と報告書の公表までにかかる時間とのバランスが問題となる。分析に相当の時間がかかることが予測される場合の現実的な解としては，例えば，できるだけ短期の目標を立てて，調査の概要と基礎的な集計や分析の結果を中心にした簡易な報告書を（「速報版」や「中間報告書」，「第一次分析結果報告書」のような形で）作成・公表し，分析がさらに進み一定の区切りがついた段階でそこまでの結果を「最終報告書」として作成・公表する，という具合に，何回かに分けて報告書を作成する方法が考えられる。公表の方法としては，調査協力者の連絡先などがわかっている場合には，報告書を送付する，あるいは調査結果の中間報告会を開催するなどして，調査の結果や意義について説明・報告する機会を設けることもある。

調査報告書をまとめる段階で留意するべき点の２つ目は，その調査に関する正確な情報の提供である。調査報告書には，調査の結果だけでなく，調査の目的や対象，実施期間，調査方法，標本調査であれば標本抽出（サンプリング）の方法や回収率，調査にあたって使用した調査協力依頼文や質問紙（調査票）の見本など，その調査に関する基本情報を盛り込むことが求められる。依頼文や質問紙には，単なる記録としての意味だけでなく，対象者がその調査に対してどのような印象を受け，どのようなワーディングの質問文に対して回答をしたのかなど，調査が実施された条件に関する情報を報告書の読み手に対して提供する，という意味がある。これらの事項が明記されていないと，報告書の読み手はその調査の結果を解釈したり結果の信頼性を評定することが困難になってしまい，結果的にその調査の意義自体も毀損してしまうためである[注4)]。

留意点の３つ目は，読み手を想定して作成する，という点である。調査報告書の読み手は，専門家である場合もあれば，一般の市民である場合もある。専門家が主たる読み手である場合は，その調査結果の解釈の妥当性などに関する議論を行うための材料となりうるように，ある程度詳細な情報（各種の統計量など）を盛り込んだほうがよい。また，図表の使い分けに関しては，元の数値をたどることができるように，基本的にはグラフよりも表を優先して用いたほうがよい。

これに対し，対象が一般の人である場合には，読者は必ずしも社会調査に関する専門知識を持っているわけではないから，専門用語の使用は基本的に避ける必要がある。また，統計量などについても，結果を伝えるうえで不可欠なものだけに厳選したうえで載せ，適宜解説をつけたほうがよい。さらに，図表の使い分けに関しても，専門家向けの場合とは対照的に，グラフを積極的に用いるなどして，直感的な把握のしやすさも考慮したほうがよい。なお，表を用いるにせよグラフを用いるにせよ，調査報告書の目的は調査の結果を読み手に「伝える」ことであるので，単に表やグラフを提示して済ませるのではなく，結果から調査者がどのようなことをどのような判断基準によって読み取ったのかを，簡潔であってもきちんと文章化して提示する必要がある。

3. 社会調査への信頼を取り戻すために

■回収率の低下とその背景

社会調査において年々問題となっていることの一つに，量的調査における回収率（調査依頼に対して実際に調査に応じてくれた人の割合）の低下がある。標本調査の場合，回収率の低下は母集団を推測する精度の低下につながるため，できるだけ100%に近づけることがのぞましいのだが，全体的には低下傾向にある[注5)]。回収率低下の中身については，人々の生活時間や行動が多様化したことにより調査員が実際に対象者と接触できる機会が減少したことと，接触はできても調査拒否に遭う率が高まったことの両方がある。後者については，カメラ付きインターフォンの普及などにより，対象者が調査員と直接顔を合わせる場面が減り調査を拒否しやすくなったことなどもあるが，より大きな背景としては，（1）調査を実施する大学などの研究機関の権威の低下，（2）プライバシーに関する社会全般の意識の高まりなどが考えられる。

（1）については，現代では単に「大学が行っている調査だから」といったことだけで調査に対する協力が得られることは少ない。このこと自体は，調査者と対象者との間の対等性が高まったということでもあり，(調査協力の得やすさという点では調査者にとっては大変なことであるが) 社会全体の成熟という観点からは，健全なことである。

この点に関して，調査拒否を少しでも減らすために調査者が行いうることは，まずは，①その調査（や研究）にどのような社会的な意味があり，なぜ対象者の協力を必要としているのかについて，言葉を尽くしてきちんと説明をし，理解を求める努力をするということである。逆に，そのようにしてきちんと説明し理解を得られる言葉を調査者が持たない

（持てない）のであれば，そのような調査は，多くの人々に拒否されたとしてもやむを得ないだろう。これに加えてできることとしては，②調査への協力を得る段階での説明だけではなく，調査実施後の対象者への調査結果の報告についても，先に解説したように，報告書の配布や報告会の実施などによって，できるだけ丁寧に行う，ということがある。これは，その調査の意味や意義を対象者に事後にきちんと伝えることで「お返しする」という意味だけでなく，人々の社会調査一般に対する信頼を確保あるいは向上させるという意味をも持つ[注6)]。

また，（2）プライバシーに関する意識の高まりについては，（社会調査を装ったセールス行為などの自称「社会調査」も含め）社会調査が社会の中に氾濫する中でその目的や用途が必ずしもきちんと説明されないままに「調査」という名目で個人に関する情報が収集される一方で，（必ずしも社会調査によって収集されたものばかりではないのだが）個人情報の流出によって個人のプライバシーが侵害される事態がしばしば生じており，結果的に社会調査全般に対する抵抗感が増しているという状況がある。

この点に関して調査者が行いうることとしては，①先行研究などを十分に吟味してそもそも必要性に乏しい（無駄な）調査は行わないようにすること，②調査を企画する際には，それぞれの調査項目の必要性についても十分に吟味すること，③（当然のことだが）調査によって収集した個人情報の管理に注意し，そのことについて対象者に対しても丁寧に説明して理解を得るように努めることなどが挙げられる。

■調査倫理の制度化

本章で述べたような調査倫理については，近年，日本の様々な学会でも研究倫理規程の一部に組み込まれるなどして明文化・制度化されるようになってきた[注7]。調査倫理に関するこうした規程は，われわれが調査を企画・実施する際の目安の一つとはなり得る。しかし，調査者は，こうした規程を形式的に守りさえすればよい，ということではない。先にも述べたように，調査に関する同意書などの書面を取り交わしたとしても，調査者は何をしてもよいわけではない。形式主義に陥ることなく，調査対象者の様子に注意を払い，また，調査とその結果が対象者にとって持つ意味について想像力を働かせることが必要である。

■調査者の立場性

最後に，社会調査における調査者の立場性という問題について触れておきたい。社会調査では，ときとして，利害が対立する人々の間に分け入って調査を行わなければならない場合もある。例えば，開発計画や政策の是非をめぐって人びとが対立している現場に調査者として入っていったときには，現場の人びとから，「その調査は我々の役に立つのか？」「あなたは誰の味方なの？」という問いを突きつけられることもあるだろう。そうした場面においては，安易に「中立」的な立場を表明することは許されないだろう。そうした場合には，自分がなぜ，誰／何のためにその調査を行うのか，そして，調査を行う私自身はその事象や問題，テーマに関してどのような立場であるのかについて，正直に，誠意をもって言葉を尽くして説明をするしかない。その結果として仮に相手から調査を拒否されてしまったとしても，それは恥じることではない。

もちろん，社会調査の現場は，対象者から直接に上記のような問いを突きつけられる現場ばかりではない。けれども，相手から問われないから調査者としての自らの立場性を考えなくてよいということではない。社会調査が社会に対して働きかけを行ってデータを得て分析して結果を報告するという営みである以上，その調査が，実査（現場などで実際に調査を行うこと）の段階においても，結果をまとめて公表する段階においても，対象者や社会に全く影響を及ぼさないなどということはあり得ない。この意味において，調査者には，対象者に対して／社会に対して，調査についての責任を負う覚悟と，調査の意義についての信念が求められる。だから，対象者から実際に問われることがなくとも，調査者は，自分が行おうとしている調査は社会にとってどのような意義があり，誰のために／何のために調査を行っているのかという問いに対する答えを自分なりの言葉で準備しておかなければならない。

■胸を張れる調査を

人によっては，行政や企業などから社会調査を「委託調査」として頼まれる場合もあるかもしれない。また，業務の一環として自らの発案ではない調査を請け負わなければならない場合もあるかもしれない。そうした場合であっても，調査者はその調査についての責任から逃れられるわけではない。自分が請け負おうとしている調査にはどのような意味があり，自分はその調査についての責任を負う覚悟が持てるか，自分の信念に照らしたときに胸を張って請け負うことができるかをよく吟味し，ときには調査の設計変更を提案したり，委託を断ったりする勇気も必要である。

ここまで述べてきたように，社会調査は，さまざまな人々の協力があって初めて成立し，また，その結果も社会に対して影響を及ぼしうる，それ自体が社会的な営みである。どのような調査であれば自分は胸を張って行うことができるか，考えてみてほしい。

⟩⟩ 注

注１）政府統計に関しては，「政府統計の総合窓口（e-Stat）」という web サイト（https://www.e-stat.go.jp/）からその結果の概要や集計結果などを入手することができる。また，社会調査の結果を含む学術論文の検索には「CiNii（NII 論文情報ナビゲータ［サイニィ］」（https://ci.nii.ac.jp/）や，Google 社が提供している学術情報検索サービス「Google Scholar」（https://scholar.google.co.jp/）などが参考になる。

注２）大阪府，奈良県においては一部の調査員が，実際には調査を行っていないにもかかわらず調査を行っていたかのように装いデータを捏造（メイキングという）していた（厚生労働省 2019）。

注３）調査者が調査対象である地域や集団の一員となって生活や活動をともにしながら観察やインタビューを行う調査。

注４）逆に，既存の様々な社会調査の結果を読む際には，こうした事項が明示されているか否かにも注意を払い，明示されていない場合にはその結果の信頼性について留保をつけたうえで受け止めるほうがよい。

注５）例えば，NHK 放送文化研究所が1973年から５年毎に実施している「日本人の意識調査」の場合，1973年の回収率は78.1％であったが，1998年には67.1％，2013年には56.9％，2018年には50.9％と低下傾向にある（荒牧 2019）。

注６）この点に関しては，調査報告書を専門家向けのものと対象者向けのものの２通り作成するという方法もある（玉野 2008）。

注７）例えば日本社会学会の場合，社会学研究・教育に携わる者である会員に対し遵守を求める「日本社会学会倫理綱領」を2005年に定めており，翌2006年に「日本社会学会倫理綱領にもとづく研究指針」を示している（2016年改訂）。この「研究指針」の中には「研究と調査における基本的配慮事項」が示されている。

《学習のヒント》

1．自分が関心のある社会科学系の学問領域では，研究倫理に関する綱領などは定められているだろうか。また，定められている場合，社会調査に関する事項は盛り込まれているだろうか。それぞれの学会の公式 web サイトなどで調べてみよう。
2．新聞や web サイトで紹介されている世論調査について，調査の対象や方法，質問文などがきちんと明示されているか調べてみよう。
3．仮に自分が社会調査の対象者となった場合，どのような調査であれば，また，どのような説明を受ければ調査に協力する気になるか，考えてみよう。

参考文献

荒牧央，2019，「45年で日本人はどう変わったか（1）――第10回「日本人の意識」調査から」『放送研究と調査』69(5)：2-37

厚生労働省，2019，「大阪府において判明した「毎月勤労統計調査」を担当する統計調査員による不適切な事務処理事案を踏まえた全国点検の結果について」（https://www.mhlw.go.jp/content/10700000/press_maikintenken_20191021.pdf，2019年10月21日）

玉野和志，2008，『実践社会調査入門――今すぐ調査を始めたい人へ』世界思想社。

毎月勤労統計調査等に関する特別監察委員会，2019a，『毎月勤労統計調査を巡る不適切な取扱いに係る事実関係とその評価等に関する報告書』（https://www.mhlw.go.jp/content/10108000/000472506.pdf，2019年１月22日）

毎月勤労統計調査等に関する特別監察委員会，2019b，『毎月勤労統計調査を巡る不適切な取扱いに係る事実関係とその評価等に関する追加報告書』（https://www.mhlw.go.jp/content/10108000/000483640.pdf，2019年２月27日）

4　国際社会と倫理

柳原正治

《学習のポイント》　「法の支配」が貫徹すべきであるといわれる国際社会において，国家と倫理の関係について，歴史的展開も含めて，学習する。合法性と正当性・公正さとを区別できるかについても考える。
《キーワード》　法の支配，合法性，正当性，公正さ

1. 国際社会における国際法とはどのような法か

（1）「国家」と倫理

現在の国際社会に妥当している国際法，つまり現行国際法は，基本的には国家間の法である。その国家とは，17世紀ぐらいまでのような，君主個人と国家が同一視される家産国家とは異なり，君主という物理的存在とは切り離して，抽象的な存在としてとらえられる国家である。そしてそうした国家は，対内主権と対外主権の２つの側面をもつ主権を保有する国家，つまり主権国家と構成される。そうした近代主権国家について，「いかに生きるべきか」「善く生きるとは何か」という問いをめぐるものである倫理は，どのようなかたちでかかわることになるのであろうか。

この問題はいろいろな側面から検討できるが，本章では２つの側面に限定することにしたい。１つは，国家が他の国家との関係においてどのような行動を取るべきかについて規律する法，つまり国際法はどのような法か，そしてその国際法規範の内容はどのようなものであるべきかと

いう問題である。いいかえれば，国際法はそれぞれの国家の意思の合致というかたちで—実定国際法として—成立するか，あるいは，国家の意思を越える何かを含むか，すなわち自然法のようなものが認められるかという問題である。さらに，実定法であれ，自然法であれ，そうした国際法は国家によって守られているか，守られているとすれば守る国家の動機とは何か，また守らせるための仕組みにはどのようなものがあるかという問題もある。

もう１つの側面は，国家は現行国際法を守っていれば，それで国際社会において非難されることはないか，いいかえれば，国家行動の判断基準となる，現行国際法を越える何らかのものはあるかという問題である。この問題は本章では次のような２つの観点から検討したい。１つは，国際法以外のもの—たとえば，「正当性」とか「公正さ」—も求められるかという観点である。もう１つは，現行国際法の内容が国際社会の現実に即していないとすれば，国際法の拡張・改善—「あるべき国際法」—はどのようにすれば実現できるかという観点である。

以下の項と第２節で第１の側面の問題，第３節で第２の側面の問題を取り上げることにしたい。

（2） 「法」と近代法

現在私たちが用いている法は，古代ギリシアや古代ローマの伝統を引き継ぎつつ，近代ヨーロッパにおいて形成され，発展してきたものである。異なるかたちでの「法」は，名称がどのようなものであるにしろ，異なる地域，異なる時代にも存在した。そして，どの地域，どの時代にあっても，「社会あるところ法あり」という格言があてはまっている。人びとがより集まって共同生活をする社会においては，そうした社会生活を営むうえで当然守らなければならないとされる法が存在する。

もっとも，社会生活を営むうえで当然守らなければならない規準，つまり社会規範は法だけではない。法は社会規範の１つである。法のほかには，道徳，宗教，習慣，習俗などがある。

それでは，法規範が他の社会規範と区別される基準は何であろうか。この点は，どの地域，どの時代かにより異なっている。たとえば，中世ヨーロッパにおいては法と道徳の明確な区別は存在しなかった。近代ヨーロッパ法のもっとも大きな特色の１つは，法規範と道徳規範を厳格に区別する点にある。その区別の基準は，一般的には，法規範は外面的・物理的強制がともなう強制的命令であるのに対して，道徳規範は自発的に正しい行為へと促す精神的規準であるという点に求められる。もっとも，強制が具体的にどのようなものを指すかについてはさまざまな見解がある。また，道徳を個人道徳と社会道徳に区別するならば，法の基本的な部分は社会道徳と一致することが望ましいということからして，「法は最小限の道徳」（イェリネック）といわれることもある。

（３）　さまざまな形態の「国際法」

現行国際法は，19世紀中葉にヨーロッパにおいて完成した近代国際法（伝統的国際法）が発展し，19世紀後半以降全世界に広がっていき，さらに20世紀中葉に，とくに戦争の位置づけについて大きな変化を遂げていったものである。

そうした国際法は「主権国家相互間の関係において法的拘束力があるとみなされる，一群の慣習法規や条約法規である」と定義される。そうした定義に含まれる「主権国家」も「法的拘束力」も「法規」も近代ヨーロッパではじめて生まれた概念であるから，そのように定義された国際法はそもそも近代ヨーロッパ以前には存在しないことになる。しかし，「法」とか「国家」という概念を近代法や近代国家に限定せず，もっと広い内容をもつととらえれば，近代国際法とは異なるかたちでの，広い意味での「国際法」が，近代ヨーロッパ以外の地域でも，近代以前の時代にも，存在していたことになる。たとえば，古代オリエントの「禿鷹の碑」―世界最古の「条約」といわれることもある―，古代中国の「礼」，古代インドの「ダルマ」，そして中世イスラーム世界の「スィヤル」などである[注1)]。

（4） 近代国際法・現代国際法

主権や近代国家や近代法の諸概念，さらには勢力均衡概念を基礎とする諸国家体系の考えなどを前提とする国際法，いいかえれば，主権国家の法的平等・自由を基礎とする国際法，つまり近代国際法は，15世紀末ぐらいから次第に形成されていき，完成したのは19世紀中葉である。

植民地における欧州諸国の権利義務，海洋・通商の自由，戦争の規制といった緊急の諸問題について具体的な解決案を示すことが，当時の神学者や法学者たちに求められた。かれらは，カノン法（教会法）やローマ法や自然法論などに依拠しながらそれらの諸課題に取り組んだ。とりわけ近代自然法論と一括りにできる理論が近代国際法論の成立に大きな役割を果たした。自然法論は歴史上実にさまざまであるが，反論の余地のない認識や正当化の根拠としての役割を果たす，超実定的な機関―たとえば，世界普遍的な理性，神の意思または理性，賢者間の同意，人間の本性，事物の本性，数学的＝自然科学的結論からの類推など―を導入するという点はどの自然法論にも共通する。この点は近代自然法論にもあてはまる。近代自然法論に特徴的なのは，神ではなく人間理性から導き出される法であるとする点である。

この近代自然法論を基礎とする近代国際法論は，国家間の合意として成り立つ条約や慣習を単なる事実とみなし，法とは認めない。国家が自由に国際法規範の内容を決定できるという立場ではなく，国家の意思を越えたところで存在する自然法を国際法規範として守ることを国家は要請されるという立場である。ホッブズ，プーフェンドルフ，トマージウスなどが代表的な学者である。

もっとも，そうした考えが当時圧倒的多数であったとはいえない。たとえば，「国際法の父」と称されることもあるグロティウスは，主著『戦争と平和の法』（1625年）において，自然法が主要な法であるとしつつも，慣習法などの実定法の存在も認めていた。

しかしその後19世紀中葉に近代国際法論が完成されていくなかで，その理論的基礎付けをしたのは，実証主義的国際法論であった。国際法を個々の国家の意思に基礎付け，そして，国際法法源としては，国家間の明示の合意である条約と，黙示の合意とみなされる慣習国際法のみを認めるという考えである。

その近代国際法は，第1次世界大戦後成立したヴェルサイユ体制以降，とくに第2次世界大戦以降，いくつかの点で根本的に変化している。最大の変化は，集団安全保障体制が導入され，戦争の違法化が実現されたことである。それ以外には，主権国家以外に，国際組織や個人や法人やNGOといった主体が国際秩序に参加する傾向が次第に強まってきたこと，環境や経済などさまざまな分野での国際協力が拡大してきて，国際社会全体の利益（国際社会の一般的利益，共通利益）という概念も生まれてきていることなどである。

2. 国際法は守られているか

（1） 国際社会における法の支配

ことに1990年代以降国際社会における「法の支配」原理が強調されるようになってきている。「法の支配」原理はもともと19世紀のイギリスにおいて理論化され，現在では各国の国内社会におけるもっとも基本的な法原理の１つとみなされる。国内社会における「法の支配」原理の根幹部分は，国家権力も法によって制約されるという点にあるとすれば，国際社会においても個々の国家は恣意的に振る舞って良いのではなく，現行国際法によって制約されているという点では同一の作用をするものととらえることもできよう。しかし，国際社会における「法の支配」の主要な内容とは，あるべき国際法の形成を促進し，形成された国際法を誠実に守り（ことに強調されているのが国際紛争を平和的に解決しなければならないという国際法であり，そこから国際司法裁判所などの国際裁判所の判決に従うことが重視される），そして国際法の内容を広く教育していくということである。

また，国際社会における「法の支配」原理が主張される背景は，国内社会の場合とはまったく異なるという点にも注意する必要がある。国内社会の場合には，「法の支配」は，個人の権利・自由を確保するために国家権力を法によって制限することを目的とする原理である。これに対して国際社会において「法の支配」原理が主張されるときには，その力点は権力の制約という側面よりは，国際法そのものが法規範として国際社会において妥当している，または国際法上の制度である国際裁判所の判決は守らなければならないという側面のほうに置かれている。

そうしたことの背景には，国際法をそもそも法とみなすことができないのではないか，国際社会においては「法の支配」ではなく，「力が法を生み出す」または「事実から法が生まれる」という原則のほうがあてはまるのではないかという疑問がある。「法の支配」ではなく，「力による支配」がみられるのではないかという疑問である。それは，国際法が国内社会における法＝国内法と同一の意味において法規範とみなすことができるかという根源的な疑問につながるものである。

しかし，「国際法は法とみなすことができるか」という問い自体が正面から取り上げられて議論されることは，現在においてはあまり多くない。それは主として，その設問の背景に存在していた，国際法を国内法と同一の意味での法ととらえることができるかという問いかけそのものが，果たして有益であるかという疑問に基づいている。国内社会と国際社会のあり方の大きな相違をみれば，国際社会に妥当する（法としての効力をもつ）国際法は，国内法と異なった特徴をもつのは当然ではないかという考えである。

そのように考えれば，国際法は，国内法とは異なる法規範として，どのような独自の特徴をもっているかという点を明らかにしていくことのほうが，はるかに生産的な作業であるといえることになる。国際法は，国内法と完全に同一の意味での法であるべき必然性はまったくないということである。

（２）　国際法を守らせる仕組み

近代法の特色は，先述したように，外面的・物理的強制がともなう強制的命令であるということである。国内社会においてはそうした強制は最終的には裁判所の判決によって担保されている（裁判所の強制管轄権）。裁判が確定すると既判力（実体的確定力とも呼ばれる）が生じ，当事者も裁判所も裁判で判断された事項に拘束される。そして執行力もまた生じることになり，国家機関は確定した事項を強制的に実現できる。

これに対して国際法の場合には，条約にも慣習国際法にも法的拘束力はあるが，「強制」の仕方は国内法とは大きく異なる。そもそも国際社会は平等な主権国家から成り立つ社会であり，そこには国内社会におけるような，統一的な立法機関（「国会」）も執行機関（「政府」）も裁判機関も存在しない。たしかに第１次世界大戦後の1922年に常設国際司法裁判所が設置され（1946年に国際司法裁判所に継承された），また第２次世界大戦後，とくに1990年代以降，国際海洋法裁判所，国際刑事裁判所，WTO（世界貿易機関）小委員会・上級委員会，欧州司法裁判所，欧州人権裁判所など，いくつもの普遍的・地域的な裁判所・紛争解決機関が設置され，相当程度活発な活動を行ってきている。ただ一部の例外を除き，国内裁判所のような無条件の強制管轄権は付与されていない。どこかの時点で両紛争当事国が同意しなければ，裁判所に一方的に付託して，裁判を開始することはできない。

国内法におけるような「外面的・物理的強制」は国際法には十分なかたちで備わっていないが，国際法に準拠しない国家行為，つまり国際違法行為に対しては国家責任が追及されるという制度は確立している。この国家責任は国内法における民事責任とか刑事責任といったものとは異なる，国際法に独自の責任ととらえられるべきものである。国家責任の発生要件を満たし，自衛や不可抗力などの違法性阻却事由に該当しないという状況が確定すると，違法行為を行った国家には回復と救済のために何らかの措置をとる，国際法上の義務が発生する。何らかの措置とは，原状回復，金銭賠償，サティスファクション（精神的満足）などである。

以上のように，あらゆる分野の条約と慣習国際法について，それらの内容をいかに実現するかは重要な課題であり，条約と慣習国際法には法的拘束力があるとされ，それらに違反する行為を行えば，国家責任が追求される。回復の方法としてもっとも基本的なものとされることもある「原状回復」は，違法行為がなかった状態に回復するということである。そのようにして，条約と慣習国際法の内容が実現されるわけである。

ところで，国際法の特定の分野，具体的には人権や環境の分野においては，条約に規定されている権利義務を実現するための，それぞれの分野に固有の制度が設けられている。条約の履行確保制度と呼ばれるものである。これにはそれぞれに理由がある。

人権条約の場合には，条約の内容として規定されているのは国家の権利ではなく，私人の権利である。国家相互間で，自国の管轄権の下にある私人の権利を保障することを目的とするのが人権条約である。私人は通常国際法の局面において直接国家の国際違法行為を訴える手段をもたない。そのために，人権条約に規定されている私人の権利の保障を，当事国がそれぞれに実現するための特別の制度が，人権条約の履行確保制度である。国家報告制度，国家通報制度，個人通報制度などがある。

環境の分野では，地球上のすべての国家が一致して環境保護にあたらないと，いいかえれば，全世界的なレベルでの協力がないと，大規模な環境破壊を防ぐことはできない。そこで，環境条約は可能な限り地球上のすべての国家を当事国にしようとし，しかも，すべての当事国に条約が同一に適用されることが望ましいために，留保を条約のなかで禁止しているのが一般的である。さらに，条約上の義務をすべての当事国に果たしてもらうために，条約の履行確保のための特別の制度を設けていることが多い。条約の履行状態についての当事国による定期的報告とその審査，遵守手続（条約を履行できない国家に対して，資金供与など，条約を守るために必要な措置をとること）などである。

（３）　国際法を守る動機

国家が明示的に国際違法行為を行うことは一般的にはこれまでそれほど多くはなかった。そもそも国家はなぜ国際法を守るのであろうか。

これについてはいろいろな説明の仕方が可能であろう。１つの，これまで一般的になされてきた説明の仕方は，相互性と権力性である。相互性とは，相手国が守るから自国も守るということである。逆に言えば，自国が守らなければ相手国が守ることも期待できないことになり，それは中長期的には困るという考えである。権力性とは，政治力，経済力，軍事力などといった「力」の強い国家から守ることを求められるため，やむをえず守るというものである。

もう１つの説明の仕方はオックスフォード大学教授であったロウによりなされたものである[注2]。かれはさまざまな点を挙げているが，ここでは主要なものを紹介したい。１つは，現在の国際法はかつての自然法とは異なり，国家の意思に反して一方的に押しつけられたものではなく，ほとんどの場合個別国家が国際法の形成にかかわっているものであるということである。いいかえれば，国家はみずからに好都合なように国際法を形成できるということである。２つ目は，国家を実際に運営しているエリート集団[注3]にとって，国際法を守るほうがほとんどつねに無難な選択肢であり，しかもかれらは国家を越えて共通点を多くもっており，そしてかれらの多くは，かれらの間の共通言語として国際法をとらえているということである。そして第３の点は，国家は長期的で多様な利益を考慮するのであり，国際法を守るほうがそうした利益に合致しているという点である。

以上のように，説明の仕方はいろいろあるが（そして，それぞれが適切なものであるかについては疑問がなくはないとしても），現実問題としては，ほとんどの国家は，完璧なかたちではないとしても，一般には国際法を守ってきているということができる。

3. 現行国際法を越えるものはあるか

（1） 合法性と正当性・公正さ

本章で取り上げる２つの側面のうち，２番目のものが，国家は現行国際法を守っていれば，それで国際社会において非難されることはないかということである。

この点で興味深いのは，2003年３月７日付けの英ガーディアン紙に掲載された，英仏の学者たち16名による，国際法の教育者という立場からの，「戦争は違法である」という意見である。これは，「一般に入手可能な情報に基づけば，イラクに対する軍事力の行使は国際法上正当化できない」という趣旨の意見であった。

この意見表明は，2003年３月20日，アメリカを中心に，イギリスやオーストラリアなどが加わった有志連合が，大量破壊兵器の保有などを理由としてイラクに侵攻（「戦争」）した事件のさいになされたものである。それによれば，イラクへの軍事力行使は，国連憲章が求める武力不行使原則の２つの例外のいずれにも該当しているとはいえない。そして，国連安全保障理事会による権限付与がない限り，イラクでの軍事活動は国際法の原則を根本から侵害したことになる。さらに，仮に権限付与がなされて国際法に合致したかたちで戦争が行われるとしても，それは，「正当で，分別のある，あるいは人道的な」戦争とはかならずしもいえない，というのが本意見の結論であった。

「正当で，分別のある，あるいは人道的な」という表現は，国際法に合致するという意味での「合法性」とは峻別して用いられている。前者を「正当性ないしは公正さ」と呼ぶとすれば，ここには，正当性ないしは公正さと合法性とを明瞭に区別する考えがうかがえる。国家のある行為が，現行国際法に合致する行為であったとしても，正当性や公正さを欠く可能性があることを示したものである。現行国際法規範以外の，何らかのもの―「正義」とか「公正」―に基づく評価がなされているのである。

いいかえれば，国家は国際法に合致した行為を取っていれば，つまり「合法性」の基準を満たしていれば，それで国際社会において非難を受けることはいっさいないという考えを否定している。現行国際法では求められない，それ以外のものを満たさないと，国家は国際社会において非難を受ける可能性があるということになる[注4)]。

国際社会におけるこうした考えの背景には，現行国際法が国際社会に生じる事象を評価するのに不完全あるいは不十分であるという認識があるとみなされる。

「法の外にある衡平」，さらには「法に違反する衡平」という法理は，こうした議論の枠組みのなかのものとしてもとらえることができる。「法の外にある衡平」とは，具体的な事案に適用すべき条約や慣習国際法がない場合に，それを補充する衡平である。「法に違反する衡平」は，具体的な事案に適用されるはずの条約や慣習国際法をそのまま適用するのは不適切であるとみなされて，その事案を解決する基準として用いられる概念である。

「衡平」という概念は，法をそのまま適用することが妥当ではないような場合，具体的な事案に応じて修正する原理として，各国の国内法で認められてきた。国際法についてもこうした原理を導入すべきであるとする議論は以前から存在した。1986年の国際司法裁判所の判決（ブルキナファソ＝マリ国境紛争事件）では，法の内の衡平，法の外にある衡平，法に違反する衡平の３つの分類が明確に打ち出された。国際司法裁判所規程38条２項に規定される「衡平及び善」は，法に違反する衡平の１つとみなされる。紛争の両当事国が合意した場合に限って，国際司法裁判所はそれに基づいて裁判を行うことができる。

こうした衡平の考え方が現在の国際社会において広く一般的に受け入れられているかは明確とはいいがたい。ただ，こうした基準を適用することが法規範としての国際法の存立そのものを危うくする可能性を含んでいることは間違いない。

(2) 「現にある国際法」と「あるべき国際法」―現行国際法への挑戦

国際法を越えるものがあるかという問題はさらに，現行国際法の内容が国際社会の現実に即していないとすれば，国際法の拡張・改善―「あるべき国際法」―はどのようにすれば実現できるかという問題設定としても検討する必要がある。

オックスフォード大学教授であったブライアリーは，1928年の『国際法―平時国際法入門』という著作の序文において，次のように書いている。「国際法はキメラでも万能薬でもなく，いっそう健全な国際秩序を構築するために活用可能な，もろもろの制度の一つにほかならない。」[注5] ここでいうキメラとは，ギリシア神話に登場する怪物のことで，ライオンの頭，山羊の体，蛇の尾をもっているとされる，想像上の存在である（日本でいえば，猿の顔，狸の胴体，虎の手足，そして蛇の尾をもつとされる鵺(ぬえ)に相当しよう）。ブライアリーによれば，国際法は，実在しないような怪物ではないし[注6]，また，どのようなことにでも効能のある万能薬でもない。国家間の秩序をよりよいかたちのものにするために存在する，いくつかの制度の一つにほかならない。

ブライアリーは，これにつづけて，国際法が今日果たしている役割を過小評価するのは愚かなことであるし，その一方で，国際法を拡張し，発展させていく必要があることを過小評価することも愚かなことであると記している。いいかえると，「現にある国際法」が果たしている役割を過小評価してはならないし，その一方で，現行国際法とは異なる，「あるべき国際法」を構想すべきであることも忘れてはならないということになる。国際法は，国家間秩序をよりよいかたちのものにするための制度の一つであり，他にもそうした制度はあり得るかもしれないが，国際法に優るものがあるわけではないという認識が，ブライアリーの記述の根底にあるとみなされる。

この著作は100年近く前に出版されたが，ここで紹介した部分は現在もなお色あせていない。とくに，以下のような最近の動きを見るとき，それは一段と重要である。

ここ数年，既存の国際法そのものに対する「挑戦」とも呼ぶべき動きがみられる。しかも，ロシア，中国，アメリカといった，世界の主要国のなかにそうした動きがみられるという点が深刻である。ウクライナ危機（クリミア編入），南シナ海問題（2016年7月12日の南シナ海比中仲裁判断），「トランプ・リスク」（2018年4月のシリア空爆，イラン核合意からの離脱，安全保障問題とリンケージさせた「貿易戦争〔高関税攻勢〕」，中距離核戦力〔INF〕廃棄条約や気候変動枠組条約のパリ協定からの離脱，世界保健機関〔WHO〕からの脱退等々）などである。19世紀中葉に完成されていった近代国際法，それを引き継ぎ，戦間期に，とくに戦争の位置づけについて大きな変化を遂げた現代国際法について，その根幹そのものに対してなされている挑戦である。国際社会における法の支配そのものが真っ正面から否定されているのではないかとの懸念すら存在する。

こうした情勢のなかで求められているのは，ブライアリーが的確に指摘したように，現行国際法を絶対視するのではなく，その拡張・発展のために日々尽力することである。戦間期における「平和的変更」の理論はそうした拡張・発展を目指すものであったが，残念ながらその試みは成功したとはとてもいえない。ただ，難しい道であるとしても，国際法の拡張・発展を，ある国家が一方的に，または力を用いて実現するのではなくて，いかに平和的に実現できるかを模索していくことは，国際法学者の任務であるとともに，何よりも各国家の外交政策担当者の責務である。また，国家，具体的には国家指導者たちが国際法に反した，誤った方向に進まないように—さらには「倫理」に反することがないように―チェックするためにも，一般国民，なかでも若者たちに，国際法の正しい知識を広めていくこともまた，重要な課題である。

〉〉注

注1）これらについては，たとえば，柳原正治『改訂版　国際法』（放送大学教育振興会，2019年）9-12頁参照。

注2）Vaughan Lowe, *International Law*, Oxford：Oxford University Press, 2007, pp.18-24. ロウ教授はこの問題とは別に，なぜ国際法を守らなければならないかという問題を設定している。*Ibid.*, pp.24-28.

注3）本章の冒頭で記したように，国家は君主個人ではなく，抽象的な存在とみなされるが，そうした国家を実際に運営していくのは，個々の生の人間である点も忘れてはならない。

注4）国際法規範に反する行為であるが，そうした行為が社会的政治的倫理的観点から見て正当と判断される，という逆のケースもあり得る。

注5）James Leslie Brierly, *The Law of Nations: An Introduction to the International Law of Peace*, 1st ed., Oxford：The Clarendon Press, 1928, p. vi.

注6）「キメラ」という表現が一般にはそれほど知られていないということを考慮したのか，1949年にブライアリー自身が改訂した第4版以降は，「キメラ」に代えて「神話（myth)」という表現が用いられている。

《学習のヒント》

1．「家産国家」ととらえられる国家と，抽象的な人格，いいかえれば法的人格をもつととらえられる国家とでは，具体的にどのような点で相違が生まれてくることになるかについて考えてみよう。

2．国際社会における「法の支配」は，国内社会におけるそれとは，具体的にどのような点が異なっているかについて整理してみよう。

参考文献

安達峰一郎（柳原正治編）『世界万国の平和を期して―安達峰一郎著作選』（東京大学出版会，2019年）
石本泰雄『国際法の構造転換』（有信堂高文堂，1998年）
江藤淳一『国際法における欠缺補充の法理』（有斐閣，2012年）
柳原正治『グロティウス　人と思想』（新装版，清水書院，2014年）

5 政治学と倫理

山岡龍一

《目標＆ポイント》 政治と倫理の関係を考える。政治的リアリズムについて，マキアヴェッリを手掛かりに考察し，道徳的価値と政治との関係性について理解を深める。リアリズムの批判対象としてのモラリズムを検討することで，倫理的要求と政治的現実のあいだに緊張関係があることを確認し，そうした緊張関係を理解する手掛かりとして，「汚れた手」の概念を，サルトルやカミュの作品を使って理解する。政治と倫理の関係性には，解きがたいディレンマがあることの自覚と，それへの歴史具体的な状況への対処が重要であることの自覚が，政治学に不可欠であることを確認する。
《キーワード》 リアリズム，マキアヴェリズム，実証主義と解釈主義，モラリズム，汚れた手，残酷さ，道徳的絶対主義，功利主義，ディレンマ

1. 政治思想史における倫理の扱い

政治（学）と倫理（学）の関係[注1]を，西洋政治思想史の観点から検討すると，まずはっきりといえるのが，両者の深い結びつきである。古代政治思想の古典，アリストテレスの著作を読むならば，このことが判明する。彼は政治学を棟梁学と呼んだが，それは国家（ポリス）の研究によってはじめて，倫理学の目標である，人間にとっての善き生の研究が完成されると考えたからである。彼の『ニコマコス倫理学』の末尾は，そのまま『政治学』への導入となっていることからも，この一体性は明白だといえる。

こうしたアリストテレスの理解は，政治的・軍事的共同体であると同

時に，宗教的・倫理的共同体でもあった，古代ギリシアポリスという国家・社会形態を前提としていたという点で，近代国家に生きる我々がそのまま受容できるものではない。それにもかかわらず，アリストテレスの議論には我々にも首肯できる点があり，その妥当性が完全に否定されるものでもない。そして実際，倫理と政治を一体にとらえる考え方は，倫理的権威である宗教的権威と政治的権威が密接に関係していた中世を超えて，近代から現代にいたる，さまざまな政治思想のなかにも表されてきたのである。そして20世紀の政治理論家であるゲラルド・ガウスは，リベラリズムの政治理論を扱う著作のなかで「政治学とは，他の手段による倫理学の継続であると言ってよいだろう」[注2)]とさえ述べている。

これと連続する考え方で，現代の政治理論には，政治理論を応用倫理学[注3)]の一種としてとらえる傾向がある。つまり，正義，権利，義務，自由，平等といった一般的な主題をあつかう倫理学的探究が確立されてから，政治理論が，政治，特に国家に関する事柄という特殊な事例に，こうした一般的な探究の成果を適用するのだという理解がある。この立場には，倫理学的に確立された主題を中心に，さまざまな領域にその応用科学が広がるという学問観を確立することで，政治，経済，経営，環境，医療等などの，さまざまな領域を扱う学問の総合を助ける方向性を提示するという，利点があるといえる。

しかしながら21世紀になってから，政治理論研究者のなかから，こうした見解に対する反論が生まれてきた。道徳哲学を中心に，古代哲学やニーチェ等も研究するバーナード・ウィリアムズや，独仏を中心に大陸哲学を研究するレイモンド・ゴイスといった人びとが，政治理論を応用倫理学とみなす考え方（最初に倫理が設定されるという意味で「倫理第一主義」とも呼ばれる）は，「政治的なもの」を適切に理解することを妨げるものだと主張した。彼らの論点は多岐にわたるが，その主要なものは倫理第一主義が前提とする普遍主義が，政治的なるものに不可避的に付随する文脈性の把握を阻害するというものである。つまり，政治的営為の意味は，それがなされる場所と時期への配慮なしには理解が不可能なのであり，それゆえに，政治的営為の成否もまた，そうした配慮に大きく依存するのだとされている。このことと深く結びつくのが，政治の領域における中心的要素が権力（それには暴力も含まれる）であるという考えである。権力とは，特定の主体が他の特定の主体に行使される影響力を意味する。つまり，誰が，誰に対して，いつ，どのように，どのような手段で，権力が行使されるのかが問題となる。このようなウィリアムズやゴイスの批判は，しばしば「リアリズム」と呼ばれる[注4)]。

2. リアリズムとマキアヴェッリ

西洋政治思想史の伝統には，リアリズムと呼ばれる思想が確固たる存在としてある。その最も代表的な思想家といえるのが，ルネサンス期イタリアの人文主義者マキアヴェッリであろう。『君主論』（1532年）[注5)]において彼は，これまで多くの人びとが，実際に知覚されない想像上の国家ばかりを論じてきたという不満を表明しながら，自分は事実に基づく，実際に役にたつ統治論を提供すると宣言した。そして，後にマキアヴェリズムと呼ばれる教説，つまり，政治においては時として倫理的な悪（例えば嘘をつくこと）を行う必要性があるという教えを説いていた。彼は悪徳そのものを勧めていたわけではない。彼には美徳と悪徳を区別する意識があったし，できれば後者をさけ，前者を追求することが，統治者にとって有益であるとさえ考えていた。しかしながら時と場所を考慮するとき，悪しき手段をすすんで選択すべき必然性が生まれる場合があることを，マキアヴェッリは指摘していたのである。こうした事実の存在を自覚し，それを直視しながら，かかる状況に果敢に対応すべき義務が，統治者にはあるというのが，マキアヴェッリの主張であった。

このようなマキアヴェッリの教説を，事実と価値を区別し，価値判断を排除した事実に基づく政治の説明を求めるという，科学的な政治学の先駆としてとらえる解釈が，20世紀の中葉のアメリカには存在した。たしかに，特にメディチ家への実践的アドヴァイスとして書かれた『君主論』においては，目的に対する合理的手段の探究という，いわゆる「科学的な」態度が，そこにあるといえる。しかし，マキアヴェッリには統治者のあるべき姿を示すという，倫理的主張があったのであり，かかる主張こそが，マキアヴェッリ思想の中核にあるといえるのである。実際，共和主義の思想，特に共和国における市民の自由の重要性を主張し，かかる自由の維持方法の探究をする著作である『ディスコルシ』（1531年）こそが，マキアヴェッリの主著だとされている。

そもそも，政治の探究から倫理の要素を排除することで，科学的な説明が可能だとする考え方そのものが，かなり素朴な科学観に基づくものだといえる。科学的な認識が価値中立的な仕方で可能なのかという，科学哲学的な問題はここでは措いておく。科学的，そして社会科学的知識の重要な役割（つまり目的）が，事象の正確な把握による，予測可能性の向上にあるとすれば，政治学のような社会科学の対象である社会（とその構成要素の人間）の把握は，倫理のような価値を排除して行われるなら極めて不十分なものになる。それゆえ，価値を科学的に研究し，それを政治学に導入する方法が必要になる。ただし，その場合問題になるのは，価値，特に倫理的価値を，どのような科学的方法で探究すべきか，という問いである。大きくいって二種類の立場がある。第一が，実証主義の立場であり，それは基本的に自然科学と同じ方法で価値を研究できるとする。第二が，解釈主義の立場であり，それは自然科学の方法とは別個の，人文学的方法が不可欠だと主張する。前者は価値を何らかの事実としてとらえようとするのに対して，後者は価値の意味を探究するものだといえる。

この，実証主義と解釈主義の対立は，19世紀ドイツにおける自然科学と精神科学の区別や，19世紀から20世紀にかけての歴史学論争（つまり，歴史学を自然科学的方法で行うべきかどうかという論争）に由来するものだといえる。解釈主義の立場は，しばしば理解社会学の方法として紹介される。つまり，人間の倫理的な振る舞いを，自然科学的な仕方でその行動を説明するのではなく，その行為の意味の理解を明らかにするような学問的方法が必要だとする立場がある。こうした方法こそが，人間の，特にその集合レベルでの行為の，一見不合理にみえるものの理解をうながすとされる。例えば，宗教的またはナショナリズム的理由から，人間の行為が（経済的）合理性を欠くものとなることがあるが，こうした事情を適切に対処するためには，対象となる人びとの内面にアクセスするような仕方で，彼（女）らが自らの行為にどのような意味づけをしているのかを理解する必要がある。かかる営みは，不可避的に複雑なものとなる。なぜなら，そうした「意味づけ」は必ず特定の歴史的・文化的文脈においてなされるので，文脈の解明が不可欠だからである。それに加えてこうした「意味づけ」そのものも，研究者によって解釈されなければならないので，解釈主義の方法が目指すのは，解釈の解釈という，二重の解釈にならざるをえない。それゆえに，実証主義に還元できない，解釈の科学が必要なのであり，その資源は主として歴史学をはじめとするいわゆる人文学的伝統のなかに求められることになる。

話をマキアヴェッリに戻そう。彼のリアリズムが，単なる実証主義ではなかったことは既に明らかである。『君主論』において彼は，君主の個人的利益の実現をその議論の究極目標とはせず，祖国の独立，つまり自由の擁護を追求すべきとする，愛国主義的な主張を掲げていた。すると，マキアヴェッリのリアリズムをより正確に理解するには，こうした倫理的主張と，悪徳の許容（場合によっては称揚）の教説が，どのようにしたら調和するのか，という問いを考える必要がある。ここではこの問いを，リアリズム思想における倫理の問題として理解し，以下にその探究を示すことにする。

3. リアリズムとモラリズム

マキアヴェッリの主張は，政治における倫理の全面否定ではなかった。彼が強調したのは，国際政治において潜在的にでも敵対関係にある他国に対して，あるいは国内政治において充分な信頼関係が確立できてない臣民に対して，君主のような統治者が信義を守ることに執着するならば，それはこの統治者自身だけでなく，彼が守る国家の破滅につながる，ということであった[注6)]。これは，合理的予測に基づいた，ある種の政治的態度への批判だといえる。この批判対象をユートピア主義と呼ぶことができる。20世紀イギリスの歴史学者Ｅ・Ｈ・カーは『危機の二〇年』（1939年）において，リアリズムとユートピア主義を対置している。カーによれば，あらゆる学問はその初期段階において，目的志向的，つまり達成すべき目的そのものの探究に集中し，その実現手段の分析はなおざりにされる傾向がある。この段階は「ユートピア的」と呼ばれ，そこで提示される理念は「単純で完全無欠であるがゆえに，容易にかつ普遍的に訴える力をもつ」[注7)]。かかるユートピア主義は，実現可能性のための手段の分析を欠いているがゆえに，不可避的に非現実的だという糾弾をするリアリズムの衝撃を受け入れざるをえない。この意味でのリアリズムについて彼は「批判的でいくぶんかシニカルな性格を帯びる傾向にある」[注8)]と説明していた。そして倫理と政治の関係についてカーは，次のように述べていた。

> ユートピア主義者は，政治とは無関係であろうとする倫理基準を掲げ，政治をこの倫理基準に従わせようとする。リアリストは，論理的には事実の価値以外の規準となるいかなる価値も受け入れない[注9)]。

したがってカーの用法では，リアリズムは我々が批判した実証主義の立場に近い。カーの立場は，ユートピア主義とリアリズムが，政治学研究の両輪として，弁証法的な関係を構成すべきだというものであった[注10)]。

政治的リアリズムが，単なる倫理的価値への中立性の要求ではないとしたら，我々が探究すべきは，ユートピア主義にある政治的欠陥の把握であり，その克服としてのリアリズムの意味である。現代の哲学研究者であるＣ・Ａ・Ｊ・コーディは，政治的リアリズムの批判対象が，道徳性（つまり倫理的教説そのもの）ではなく，倫理的なものに対するある種の態度なのだとし，この批判対象をモラリズムと呼んでいる。つまり，倫理的価値が政治の認識や判断に影響を与えることを所与としながら，この影響が政治にとって悪影響となる場合を明らかにしている。コーディは21世紀の，特に国際政治（学）の文脈において，こうした悪影響を配慮すべき理由が生じたと考えている。第一に，人権の価値が（しばしば過度に）尊重されるようになった。第二に，国際政治の考察において，特に学者のあいだで，道徳的思考の復権がみられる。第三に，政治のアクターのあいだで，宗教をはじめとする原理主義的な信念の影響が強まっている[注11)]。こうした傾向そのものは，必ずしも政治の探究を阻害するものではない。しかしながらコーディは，リアリズムの復権が必要となるほどの，悪しき傾向が生じており，それをモラリズムと呼んでいる。

倫理的価値や認識の介入によって，政治の理解が阻害される可能性を，コーディはさまざまに列挙しているが，それらは以下の三つに分類できる[注12]。第一が，バランスを逸した焦点化のモラリズム（the moralism of unbalanced focus）である。つまり，現実政治においては複数の価値が働いており，それらが相互に衝突していることが多い。かかる状況で特定の価値だけを奉じることは，現実の理解にゆがみを生じさせてしまう。この傾向は，絶対的な倫理的価値を政治に導入するとき，生じる可能性が高い。第二が，押し付けのモラリズム（the moralism of imposition）である。これは，自らが妥当とみなす倫理的価値を，他者に押し付ける態度にある危険性を示唆している。ここでコーディは，文化相対主義を支持しているのではない。彼が問題としているのは，倫理的価値の妥当性や普遍性に確信があればあるほど，それだけその実現のために強制や暴力を使用する誘惑が強くなる，という傾向性である。第三が，抽象性のモラリズム（the moralism of abstraction）である。倫理的洞察に基づく認識は，しばしば過度に抽象的なモデルを産み出し，実際は善と悪とが複雑にからまりあっている政治の現実を過度に単純化して理解してしまう。学問の倫理的探究には，普遍化や合理化への傾向が一般的にあるが，それは現象の固有性や，情念のような非合理的要素の軽視につながるかもしれないのである。そして倫理的理想の抽象化には，実現可能性を無視してしまう危険性もある。

繰り返すがコーディは，倫理的洞察の導入そのものを拒否しているのではない。実現可能性の考慮にしても，それが政治的認識や判断を絶対的に拘束するものではない。例えば奴隷制は，ある時代におけるある国においては，広範に是認された慣行であり，それに対する倫理的反対は無力なものとなることが確実だった。それにもかかわらず，奴隷制が倫理的に不正であると固く信じる人びとがいたことが，奴隷制の廃絶に貢献したこともあったのである[注13]。このことは20世紀南アフリカの，アパルトヘイト政策の廃絶に関しても当てはまるといえよう。モラリズム批判が問題とするのは，あくまでも政治的リアリティの理解を阻害するような，倫理的思考の在り方なのである。

4.「汚れた手」という問題――サルトル

政治的リアリズムは，政治の要求と倫理の要求の対立可能性を直視するといえる。この問題を取り上げたものとして，「汚れた手」という主題が，しばしば倫理学や政治学で論じられる。このトピックの古典が，アメリカの政治理論家ウォルツァーの論文「政治的行為と「汚れた手」という問題」(1973年)[注14)]である。これは，二種類の行為の選択肢のみがあり，そのどちらを選んだとしても，その選択者にとって悪になるという状況，つまり道徳的ディレンマを扱う論文である。ウォルツァーは，この問題が実際に存在し，時として不可避であることを主張するが，その際にこのディレンマを真剣に引き受ける事例として「汚れた手」という概念を使用している。

この概念は「汚れた手」という題名の，サルトルによって書かれた戯曲に由来しており，以下の箇所がこのトピックを論じる際にしばしば引用される。

> わしは，このわしは汚れた手をしている。肘まで汚れている。わしは両手を糞や血のなかにつっこんだ。それでどうした，というのか？　では，清浄潔白に政治をすることができるとでも考えているのか？[注15)]

この引用の文脈を説明しよう[注16)]。この戯曲の舞台は1948年頃の東ヨーロッパにある架空の国家，イリリ国で，共産主義思想を掲げる労働者政党の実力者エドレルの住居である。上記の台詞を，このエドレルが自らの秘書ユゴーに対して語っていた。ユゴーは富裕なブルジョアの家に生まれたインテリで，共産主義思想に感化されて労働者政党に加入していた。当時エドレルは，敵対するファシスト政党と保守主義政党の幹部と秘密裡に接触し，政治的妥協によって自らの党をイリリ国の政権与党とすることを企んでいた。これは，迫りつつあるソ連軍の侵略を予想し，ソ連軍による自国の占領をスムーズにするため，少数派政党である労働党がすべき最善の準備だと彼が計算した結果であった。こうしたエドレルの企みに対して強い不満をもつ同政党内の過激派分子が暗殺者として送り込んだのがユゴーである。しかしながら青年ユゴーは暗殺をためらい，言葉でエドレルを糾弾することになる。政治的妥協を腐敗として批判するユゴーに対してエドレルは「しかしなんでまた君は，そう純粋さに執着するんだ。そんなら純粋でいるがいい。だがそれが誰の役に立つのか？」と返答し，「君たちインテリ，ブルジョアのアナーキストは，純粋さを口実にしてなにもしない」と批判しつつ，前記の台詞を吐いたのである。

つまり，倫理的純粋性の欺瞞を突き，政治的な実行性を強調するために，倫理や原則に反する手段を許容すべきだという主張を象徴するのが，ここでの「汚れた手」のメタファーなのである。このメタファーの理解を深めるために，もう少し登場人物の分析をしてみよう。純粋な青年であるユゴーと対比的に，「わしは子供からまっすぐ大人になったのだ」[注17)]と述べるエドレルは「大人」として描かれる。これは年齢の問題ではない。ブルジョアと労働者という，階級の違いも反映されているが，ここで特徴づけられているのが，純粋な理想主義と対比される成熟した思考としてのリアリズムである。「政治は科学だ」[注18)]とさえ言うエドレルは，自国の独立だけを称揚するナショナリズムに対して，それが大多数の民衆を惹きつけるものだと認めながらも，迫りくるソ連の軍事力の前ではまったくの無力であると断言する。彼が留意しているのは時機と，予想される犠牲の量である。もしもイリリ国が独立にこだわりソ連軍と衝突するならば，膨大な数の死者が生まれる。しかしエドレルが，自由主義者たちや摂政を奉じる保守主義者たちと手を結び，挙国一致体制をつくれば，軍隊の受け入れが容易になり，より少ない犠牲ですむ。こうした考えに対してユゴーが，今手を組もうとする摂政の警察によって殺された，多くの仲間たちに対する裏切りを指摘したとき，エドレルは敢然と「死んだ人間など構うことはない。……わしは生きている者のために，生きている者による政治をするのだ」と答える。これにユゴーが「では生きている者が，あなたの謀略を承知すると思うんですか？」と問うたとき，エドレルはそうした人びとを騙すことを厭わないと述べている[注19)]。

ここで理想主義者ユゴーとリアリストエドレルの対話は，政治における嘘という，マキアヴェッリの問題圏に突入している。ユゴーは，自分がかつて生きていた世界，保守政権において実力者である自らの父親の周りにいる人びとの世界には，嘘があふれており，誰もが自分を騙していたと述べながら，労働者政党に入ってはじめて他人を騙さない人びとにあったのだと告白する。当然のことながらエドレルは，そこでも嘘は存在していることを指摘することでユゴーをいさめる。そして，次のように述べた。

> 必要とあればわしは嘘をつく。だが誰をも軽蔑しはしない。嘘とはわしがつくったものでなく，階級にわかれた社会に生まれたものだ。だから我々は，生まれながら嘘を相続している。騙すことを拒否したって嘘はなくなりはしない。階級を消滅させるためのあらゆる手段を用

いてはじめて撲滅できるのだ。

このエドレルの台詞は，嘘の必要性を述べている点でリアリスト的だが，その撲滅の方法を提示し，それを目標に掲げている点で，リアリズムから逸脱しているといえる。共産主義を信奉しているというキャラクターであるエドレルが，こうした信念を表明するのは当然のことだといえるが，こうした絶対的な目的論的思考は，現代のリアリズムが拒絶するか，少なくとも警戒するものである。

ただし，既に確認したように，冷徹な計算のみが，リアリストの認めるものだというわけではない。歴史における方向性の感覚は，ほとんどすべての政治に必要であり，リアリズムが問題とするのは，そうした感覚が現実認識をゆがめるか否かである。そしてエドレルの考え方には，リアリズムに内包された倫理性ともいえる要素がみられる。革命の原則論に固執するユゴーは，妥協を許さず，保守主義者とファシストからなる自国軍がソ連軍と衝突すれば，後者の勝利によって真の政治が実現すると主張する。この考えに対してエドレルが指摘するのは，その残酷さである。「何十万という人間が死ぬのだ。どう考えるのかね？」このように批判するエドレルの考えには，抽象性のモラリズム批判や押し付けのモラリズム批判の要素がある。つまり，純粋性を誇る倫理の追求は，残酷な手段を呼び込み，その悲惨な結果を正当化しかねない。これに対抗して述べるエドレルの台詞には，ヒューマニズムともいえる要素がある。

わしはあるがままの人間を愛する。あらゆる汚らしさ，悪徳，それらといっしょに人間を愛する。人間の声，物を握る暖かい手，あらゆる皮膚のなかで最も裸の人間の皮膚，心配そうな眼差し，めいめいが死に対し，苦悩に対し，代わる代わる試みる絶望的な闘い，それらすべてをわしは愛している。わしにとって，この世の中の人間がひとり多いか少ないかが問題なのだ。それは尊いことだ。君という人間がわしにはよくわかる。君は破壊者だ。君は自分を憎んでいるから，人間を憎んでいる。君の純粋さは死に似ている。君の思い描く革命は，我々の革命とはちがうのだ。君は世の中を変えようとはしていない，爆破しようとしているのだ[注20)]。

この発言は，リアリストによるレトリック，つまり純粋な暗殺者を騙そうとする策略なのかもしれない。しかし，ここに示された愚民に対する愛の表明は，アウグスティヌスにまでさかのぼることのできる，リアリズムに典型的な人間観だということもできる。

エドレルによるユゴーの描写は，そのままリアリスト的ユートピア主義批判の一例として理解することができる。ユゴーが人間を憎んでいるという指摘は，ユゴー自身が認めることであった。リアリストは他人の死を恐れるのであり，殺し屋には想像力が欠けているというエドレルに対してユゴーは，次のように述べている。「僕は余計者なんだ。この世の中に，僕の居場所は無く，そして僕の存在は人に迷惑をかけるのです。誰ひとり僕を愛してはいません。誰ひとり僕を信頼してはいないんです」[注21)]。あきらかにユゴーの主観に基づくこの疎外意識は，ユートピア思想が信奉される典型的なパターンを表している。「ユートピア」という言葉の原義は，「どこにもない場所」というものであった。現実世界から疎外されているという意識は，容易に抽象性のモラリズムへと転じる。リアリストはこうした意識を恐れ，若者に大人になれと諭すのである。

5.「汚れた手」という問題――ウォルツァーとカミュ

ウォルツァーは，「緊急事態の倫理」(1988年) という論文において，「汚れた手」の主題を再び扱っている。ここで彼が取り上げるのが第二次世界大戦のときチャーチルが使用した「最高度緊急事態 (supreme emergency)」という概念であり，チャーチルはこの概念によってナチス・ドイツによってイギリスが置かれていた存亡の危機を意味していた。ウォルツァーがここで検討しているのは，こうした事態においてなら，1940年代の初頭に下された，ドイツの諸都市を空爆するというイギリスの決断が正当化できるのか，という問いである。この空爆は，不可避的に大量の無辜の人びとを犠牲にする。本章では，国際法的議論は問わず，倫理的問いのみを取り上げるとしたら，この大量殺戮は，一種の犯罪，つまり道徳的悪だとみなすことができる。「最高度緊急事態」の宣言は，こうした犯罪を正当化できるのだろうか。

こうした道徳的ディレンマを対処する道徳哲学的態度として，ウォルツァーは二つの立場を検討している。第一が道徳的絶対主義の立場であり，例えば人権のような価値をいっさいの妥協を排して擁護するような主張がある。こうした主張をする人びとは，結果を考慮せず，「正義はなされよ，たとえ天が落ちるとも (*fiat justitia, ruat caelum*)」といった信条を奉じる。第二が功利主義の立場であり，これからなされることの費用便益分析をすることで，公共政策の合理性を担保しようとする考え方である。前者は，その非妥協的性格ゆえに，多大なる犠牲を正当化してしまうという欠点がある。エドレルがユゴーに対して非難した残酷さが，この立場と一致する。ここでの問いでは，ナチスによるイギリスの徹底的敗北を招くのではないか，という可能性が問題となる。すると，もう一方の立場，功利主義の方が有効であるようにみえる。しかしウォルツァーは，政治的決定に含まれる道徳的ディレンマを扱う際に，功利主義計算を導入することに否定的な判断をする。なぜなら，そうした計算の数値があまりにも簡単にごまかされる，と彼が考えるからである。彼によれば，政治や戦争という状況では，友と敵の区別が不可避的に生まれ，両者の効用が公平に計算されることはほとんどない。敵の生命には何の価値もないという前提でなされる計算には，ディレンマの余地はない。この批判は，東京大空襲をはじめとする第二次世界大戦におけるアメリカ軍による日本の諸都市に対する空爆や，広島や長崎への原爆投下を，もしもアメリカ人が単純に正当化するなら日本人が感じるであろう違和感を思えば，首肯できるものである。

かくして，功利主義への不満は我々を道徳的絶対主義へと引き戻す。こうして，このディレンマは，真正のディレンマであることがわかる。実際ウォルツァーも「両理解を調停することはわたしにはできない。対照性は残り続ける。これこそわたしたちが直面する道徳的現実の特徴のひとつなのだ」と認めているのである[注22)]。ただし，解答が得られないからといって，こうしたディレンマを理性的に論じることを止めるべきではない。ウォルツァーは，どのような場合に本当に「最高度緊急事態」といえるのかどうかを精査する。護られるべき価値の性質や量を，できるかぎり検討すべきである。ウォルツァーはその際，長い伝統をもつ共同体の価値を重視している[注23)]。それと同時に，コストやリスク，そして時機といった，様々な要素もできるかぎり考慮されるべきであろう。要するに，我々は慎重であるべきだとウォルツァーは主張している。こうした慎重さは，この問題が単なる道徳的ディレンマであるだけでなく，政治的な局面における道徳的ディレンマであることに由来する。なぜなら彼は，つぎのように述べているからである。

最高度緊急事態とは，わたしたちが回避を目指さなければならない状況である。たいていの場合，わたしたちは回避したいと願うだろう。わたしたちは直面する危険に恐れおののき，向かうさきの不道徳的な行いを嫌悪するだろうからである。しかし，ちょうど「非常事態（state of emergency）」が，法の枠外で統治することを好む指導者にとって政治的に都合が良いように，最高度緊急事態とは，禁止命令やタブーなしでことを済ませたいと思う指導者にとっては道徳的に都合の良いものかもしれない[注24)]。

こうした考慮は我々を高度の政治的判断へと導く。それは民主主義や立憲主義の要求も考慮した，政治的思慮，特に政治的に責任のある指導者の叡知と，そうした叡知に基づく行為を適切に制限する制度の探究を必要とする[注25)]。これは，政治理論において，最も困難であるが最も重要な探究のひとつであるといえよう。

「汚れた手」の問題にウォルツァーは最終的な解決は与えていないし，そもそも与えられると考えてもいないように思える。ただ，彼が最も共感しているとする立場[注26)]をここで確認しておくことに価値はあるであろう。

カミュの戯曲「正義の人びと」[注27)]は，1905年モスクワで，ロシア皇帝の叔父セルゲイ大公に対してなされた，社会改革党のテロリストによる暗殺を基にして書かれている。ウォルツァーが注目するのは，この戯曲の主人公カリャーエフである[注28)]。カリャーエフは，大公に爆弾を投げつける実行犯になることが決まっており，その使命に対する信念には揺るぎがない。ロシアの人びとを救うためには，この暗殺は正しい手段だと確信している。しかしながら同時に彼は，自分が行おうとしていることが殺人であることを完全に自覚している。そして殺人は罪であることを認めざるをえない。この二つの絶対的な倫理的要求によってカリャーエフは引き裂かれており，そのことを彼の仲間に率直に述べる。

青年であり，絶対的倫理に奉じようとするカリャーエフは，「汚れた手」におけるユゴーを思わせる。そしてユゴーにおいても，暗殺の際に逡巡するところがあった。しかしながらカミュが描くカリャーエフの苦悩は，迷いというよりは真正の分裂を前にした境涯の自覚であり，カリャーエフは自分の決断をいわば宿命のようなものとして理解している。彼の対話相手の一人は，同志ステパンである。ステパンは長い投獄を経て，体制に対する非常に強い憎悪をつのらせ，暗殺を絶対的な正義，つまり他のいかなる要求をも凌駕する行為だと信じている。ステパンからすればカリャーエフの苦悩は甘さであり，自分こそが暗殺者にふさわしいと自認する。彼によれば殺人さえも正当化される。

カリャーエフもそうした正義があることを認める。しかしながら彼は，同時に人生を愛しており，その愛ゆえに革命に身を投じたという自覚があった[注29)]。大公の殺人は正当化できたカリャーエフであったが，暗殺の最初の試みにおいて，大公の傍に子供たちが偶然居合わしたことに驚き，その試みを断念する。無辜の子供の殺人は正当化できないと考えたからである。ステパンはこのためらいを非難したが，他の同志はカリャーエフの判断に同感した。二回目の試みにおいてカリャーエフは大公を爆殺し，警察に逮捕される。牢獄で彼は，警察署長によって自分が殺した対象が生身の人間であるという事実を突き付けられる。カリャーエフは自分が殺したのは「専制政治」だと理解しようとしたが，それが許されなかったのである。「わたしは思想には興味がない，わたしは人間に興味がある」[注30)]と言う警察署長の目論見は，カリャーエフを精神的に追い込み，裏切り者とする（つまり仲間の情報を赦しのために売る）ことであったが，カリャーエフは裏切らず，死刑を受け入れる。

牢獄において赦しを拒否し，死刑を受け入れる姿は，プラトンの『クリトン』におけるソクラテスを思い起こさせるかもしれない。しかしながら，ソクラテスにおいて死を受け入れることは，正しく生きることの実現という積極的な意味づけもなされているが，カリャーエフにおいてそれは，自らに対する処罰以外の意味づけはない。それは，死刑という公的な処罰である必要もなかった。彼は自爆テロも真剣に考えていた。彼にとっては，許されざる悪に対する罰として，自らの死が必要だったのである。

ウォルツァーがカリャーエフに共感するのは，死という悪への罰が，このディレンマに対する正解だと考えているからではない。重要なことは，カリャーエフがこのディレンマを，真の意味で解きがたいディレンマとして受け入れていたことである。そしてこの信条は，単なる創作ではなく，実際の歴史の一場面で，経験された[注31)]ことであるという事実が，この戯曲の重みを増している。こうした自らの破滅をも要求するディレンマの自覚が，「汚れた手」を行使する者には不可欠だというのが，ウォルツァーのメッセージなのである。

6. 最後に――再びマキアヴェッリのリアリズム

ウォルツァーは「汚れた手」を論じる際，マキアヴェッリに関しては，カミュの作品に表されたディレンマが不在であると解釈している。最後に，これと異なるマキアヴェッリ理解を紹介しておきたい。20世紀イギリスの思想史家，アイザイア・バーリンは，「マキアヴェッリの独創性」という論文[注32)]において，マキアヴェッリの思想史的貢献を次の点に認めている。つまり，マキアヴェッリ以前の思想家のほぼすべてと，彼以降の思想家の多くが前提としていた考え方に，正しいことや善いことは，究極的には調和する，という形而上学的信念があった。我々の目にはそこにどれほど矛盾があるように見えることがあっても，二つ以上の正しさや善さが互いに対立することはありえず，かかる矛盾は神の視点や完全な合理的計算の帰結，もしくは遠い未来において，必ず解消されるという信念が，西洋の思想には強力な伝統として存在している。マキアヴェッリは，こうした信念を端的に否定した点で，重要な思想家だというのが，バーリンの評価である。マキアヴェッリはキリスト教的倫理が，私的な倫理として正しいことを否定していない。ただ，それが政治の倫理としては役立たないことを率直に表明しているのである。究極的な調和の夢を見ること自体は，おそらく人類にゆるされることである。かかる夢は，悲惨な状況に置かれた人にとっては，唯一の救いとなるであろう。ただ，そうした夢に浸ることを，マキアヴェッリは政治に携わる人には許さなかったのである。

〉〉注

注１）本章において「倫理」と「道徳」という言葉は，置換可能なものとして使用する。

注２）Gaus 1996, p.294.

注３）応用倫理学については，本書第１章での説明を参照。

注４）このような政治的リアリズムに関しては，山岡 2019A を参照。

注５）著作名のあとに付される数字は，その著作が書かれた年か，最初の公刊年を示す。

注６）ここに示した国際政治，国内政治上の条件づけは，人間一般に裏切りの危険があるとするなら，不必要なものとなる。実際，マキアヴェッリの思想にはそのような人間観も含まれている。こうした人間観をどこまでマキアヴェッリの思想に読み込むべきかという問題は，論争的である。ここでは我々の議論につなげやすいように，以上の条件づけの下での解釈をとっている。

注７）カー 2011，30頁。

注８）同上，38頁。

注９）同上，57頁。

注10）カーにおけるリアリズムに関しては，西村邦行 2012，第５章を参照。

注11）Cf. Coady 2008, pp.8-9.

注12）以下の三類型は，Coady 2008を分析してまとめられた，Bell 2010に依拠している。

注13）Cf. Coady 2008, p.20.

注14）ウォルツァー 2012。

注15）サルトル 1952，95頁。

注16）「汚れた手」という戯曲に関する簡潔な説明として，村上 2014，127〜136頁を参照。

注17）サルトル 1952，64頁。

注18）同上，86頁。

注19）同上，93頁を参照。

注20）同上，96頁。

注21）同上，103頁。

注22）ウォルツァー 2008，64頁。

注23）ウォルツァーによれば，最高度緊急事態によって護られるべきものは国家ではなく政治共同体である。かかる共同体は，特定の人びとにとって，そのアイデンティティと不可分に結びついているものであり，他によって置き換えることのできないものだとされる。同上，76頁を参照。ウォルツァーはしばしば，共同体主義者（コミュニタリアン）のひとりに数えられる。ムルホールとスウィフト 2007を参照。

注24）ウォルツァー 2008，74頁。

注25）かかる探究に部分的に取り組んだものとして，山岡 2019B がある。

注26）ウォルツァー 2012，509頁以下を参照。

注27）カミュ 1973。

注28）カミュは，この戯曲があくまでも創作であることを強調しながらも，現実の犯行者の名前をそのまま変えずに使わざるをえなかったと告白している。

注29）こうした正義と愛の分断は，この二人が共有している世界観，神はすでに死んだという世界観を反映していると考えられる。

注30）同上，133頁。

注31）このディレンマはカリャーエフだけが経験したものではなく，彼の若き同志も，深刻な仕方で経験したものとして描かれている。
注32）バーリン 1983。

《学習のヒント》

1．政治的リアリズムの意味を，政治と倫理の関係性という点で，整理してみよう。
2．サルトルの「汚れた手」を読み，「汚れた手」の事例について自分で考えてみよう。
3．カミュの「正義の人びと」を読み，倫理的ディレンマの意味を考えてみよう。

参考文献

ウォルツァー，マイケル（2008年）「緊急事態の倫理」（ウォルツァー『戦争を論じる――正戦のモラル・リアリティ』駒村圭吾・鈴木正彦・松元雅和訳，風光社に所収）。
ウォルツァー，マイケル（2012年）「政治行為と「汚れた手」という問題」（ウォルツァー『政治的に考える』デイヴィッド・ミラー編，萩原能久・齋藤純一監訳，風光社に所収）。
カー，E・H（2011年）『危機の二十年―理想と現実』原彬久訳，岩波文庫。
カミュ，アルベール（1973年）「正義の人びと」白井健三郎訳（佐藤朔・高畠正明編『戒厳令・正義の人びと』カミュ全集５，新潮社に所収）。
カント（2006年）『永遠平和のために　啓蒙とは何か　他３編』中山元訳，光文社文庫。
サルトル，ジャン＝ポール（1952年）『汚れた手』白井浩司訳，サルトル全集第７巻，人文書院。
西村邦行（2012年）『国際政治学の誕生―E. H. カーと近代の隘路』昭和堂。

村上嘉隆（2014年）『サルトル』人と思想34，新装版，清水書院。

ムルホール，スティーヴン／アダム・スウィフト（2007年）『リベラル・コミュニタリアン論争』谷澤正嗣・飯島昇藏他訳，勁草書房。

バーリン，アイザイア（1983年）「マキアヴェッリの独創性」佐々木毅訳，（福田歓一・河合秀和編『思想と思想家』バーリン選集 1，岩波書店。

マキアヴェッリ（1998年）『君主論』河島英昭訳，岩波文庫。

マキァヴェッリ（2011年）『ディスコルシ――「ローマ史」論』永井三明訳，ちくま学芸文庫。

山岡龍一（2019年 A）「方法論かエートスか？――政治理論におけるリアリズムとは何か――」（『政治研究』第66号に所収）。

山岡龍一（2019年 B）「立憲主義と政治的リアリズム――ジョン・ロック国王大権論の検討」（『思想』1144号に所収）。

Bell, Dancan (2010) "Political Realism and the Limits of Ethics" in Dancan Bell ed. *Ethics and World Politics*, Oxford: Oxford University Press,

Coady, C.A.J. (2008) *Messy Morality: The Challenge of Politics*, Oxford: Oxford University Press.

Gaus, Gerald F. (1996) *Justificatory Liberalism: An Essay on Epistemology and Political Theory*, Oxford: Oxford University Press.

6　宗教と倫理

原　武史

《目標＆ポイント》 江戸時代から現代にかけての日本における宗教と倫理の関係につき，明治以降の天皇制がこの両者をどのように取り込んだかに注意しながら考察する。
《キーワード》 儒教，神道，天皇，祭祀，アマテラス，伊勢神宮，靖国神社，教育勅語，皇后，神ながらの道，カトリック

1．江戸時代における宗教と倫理 ——儒教・国学・復古神道

一般的に言って宗教と倫理は，ともに人間としての正しい行いを追求するなかから生まれた点で重なり合う面がある一方，緊張関係をはらんでいる。なぜなら前者は死後の世界，すなわち来世観をもつことで現世を相対化するのに対して，後者は道徳と同じ意味で使われることが多く，現世で完結しているからだ。

東アジアで最も影響をもつ倫理の体系を提供したのは，中国の春秋戦国時代に生まれ，五倫と呼ばれる「父子の親，君臣の義，夫婦の別，長幼の序，朋友の信」や五常と呼ばれる「仁義礼智信」といった徳目を掲げる儒教であった。儒教には四書（『論語』『孟子』『大学』『中庸(ちゅうよう)』）や五経（『易(えき)』『春秋』『礼記(らいき)』『詩経(しきょう)』『書経(しょきょう)』）といった経典があるが，キリスト教や仏教，イスラム教などに匹敵する体系的な教義や来世観をもたない点で，宗教とは異なっている[注1)]。

江戸時代には，幕府（公儀）が初期からキリスト教を徹底的に禁圧するとともに，寺檀（じだん）制度と呼ばれる全国的なシステムを作って仏教をいわゆる葬式仏教にし，「彼岸」を追放した。1637（寛永14）年に起こった島原・天草一揆を最後に，日蓮宗不受不施（ふじゅふせ）派による抵抗はあったものの，宗教反乱は起こらなかった。確かに中国や朝鮮でもキリスト教は禁圧されたが，少なくとも表向きキリスト教徒が一人もいなくなったという点では，日本の禁圧が最も徹底していた。

一方，儒教は江戸後期になるほど全国に広がり，中国や朝鮮で体制教学となった朱子学や朱子学を批判した陽明学のほか，伊藤仁斎（1627～1705）の古義学（仁斎学）や荻生徂徠（1666～1728）の古文辞（こぶんじ）学（徂徠学）のような，日本独自の儒学も生まれた。六代将軍徳川家宣（いえのぶ）（1662～1712）に登用された新井白石（1657～1725）のように，実際に朱子学にもとづき，「正徳（しょうとく）の治」と呼ばれる政治の大改革を行った学者がいたこともまた確かであった。

けれども，戦国の最終的勝利者として徳川家が覇者となった日本では，中国や朝鮮とは異なり，科挙のような官僚登用制度もなく，儒教が支配イデオロギーにならなかった。道徳的倫理的に最も優れた一人の人間が「天」から「命」を与えられて「天子」となり，自らの徳を民に及ぼすという支配の正統性がなくても，徳川家は250年以上にわたって体制を維持することができたのだ。歴代の将軍も，孔子をまつる湯島聖堂を建て，大老で朱子学者の堀田正俊（1634～84）らとともに儒教経典の勉強会をしばしば開き，儒教政治の理想を追求した徳川綱吉（1646～1709）や新井白石を登用した徳川家宣を除いて，儒教にそれほど関心をもたなかった。

江戸時代に朝鮮から来日した朝鮮通信使の一行にとって，儒教が浸透していない日本の風俗は野蛮に映ったようだ。1719（享保４）年に来日した申維翰（1681～？）は，「淫穢の行はすなわち禽獣と同じく，家々では必ず浴室を設けて男女がともに裸で入浴し，白昼からたがいに狎れあう。夜には必ず燈を設けて淫をおこない，それぞれ興をかきたてる具をそなえて，もって歓情を尽くす」と述べている[注2)]。

18世紀後半になると，儒教そのものを否定する国学が台頭する。その大成者が本居宣長（1730～1801）である。宣長は，『古事記』をはじめとする日本古典の研究を通して，易姓革命がしばしば起こる中国とは異なり，革命が起こらず，天皇の地位がアマテラス（天照大神）からずっと保たれてきていることに日本の優越性を見いだした。

ここで重要なのは，血統の連続性である。どれほど倫理的に問題のある天皇がいようが，個々の天皇の資質は問われない。けれども宣長に言わせれば，革命の名のもとに皇帝にとって代わろうとする野心を覆い隠し，権力欲を正当化する儒教を生み出した中国人よりも，そうした野心をもたず，誰一人として天皇にとって代わろうとしなかった日本人の方が倫理的に優れていることになる。

宣長の没後門人を自称した平田篤胤（1776～1843）は，国学を宗教化して復古神道を大成した。篤胤は『日本書紀』一書に出てくる「顕」と「幽」をもとに，伊勢神宮の祭神であるアマテラス[注3)]ではなく，出雲大社の祭神であるオオクニヌシ（大国主神）を，死後の世界を意味する幽冥界の主宰神と見なした。

ここには，キリスト教が禁圧されたはずの江戸時代の日本でひそかに出回り，篤胤も読んでいたカトリック・イエズス会の布教書（マテオ・リッチ（1552～1610）の『天主実義』）からの影響がうかがえる。現世を治める天皇ですら，死ねば霊魂が幽冥界に赴き，オオクニヌシの支配を受けるとしたのである。

さらに篤胤の門人の六人部是香（1798～1863）は，現世の秩序を乱すなど悪い行いをした天皇は，死後に地獄を意味する「凶徒界」に落ちるという，斬新な解釈を示した。ここには崇徳上皇（1119～64），後鳥羽上皇（1180～1239），後醍醐天皇（1288～1339）らの怨霊が天狗と化して集まり，世を乱す議定を行っていたとする軍記物語『太平記』からの影響が見られる。死後の天皇がオオクニヌシによって天国に行くか地獄に行くかを審判されることで，個々の天皇の資質を問わなかった国学は完全に否定された。

篤胤の門人とされる大国隆正（1792～1871）は，復古神道を修正し，『日本書紀』の記述を無視する形でアマテラスが幽冥界を主宰しているという新たな解釈を唱え，再びアマテラスと天皇のつながりを取り戻そうとした。隆正は神道を宗教化しつつ，個々の天皇に求められるはずの倫理の問題を封じ込めたのだ。

一方，19世紀になって頻発する外国船の出没に危機感を抱き，西洋列強が奉じるキリスト教に対抗するために天皇の祭祀に注目したのが，水戸学者の会沢正志斎（1782～1863）であった。会沢に言わせれば，復古神道のように死後の世界をわざわざ設定しなくても，天皇が大嘗祭や新嘗祭のような祭祀をしっかりと行えば，民も感化されてキリスト教になびかなくなり，天皇と民の心が一つになることができる。天皇が祭祀を行うだけで神道は宗教になり得るとする水戸学の解釈は，後に見るように，明治以降の日本に大きな影響を与えることになる。

2．明治維新と神道・儒教

明治維新とともに，新政府は古代の律令制を手本として，神祇事務局，次いで神祇官を設置し，神道の国教化に乗り出した。そこで採用されたのは，平田篤胤や六人部是香ではなく，大国隆正の復古神道であり，神祇官で中心となったのは隆正の門人の福羽美静（1831～1907）であった。

しかし，新政府が目指した神道の国教化には，いくつもの無理があった。本来の復古神道に反して，天皇の支配を正当化するために作り出した宗教であったから，どれほど倫理的に問題があろうと，天皇が罰せられることはない。しかも一般的には，アマテラスという神自体，ほとんど知られていなかった。排斥された仏教勢力はもとより，本来の復古神道を奉じる人々からも反発を浴び，神祇官は神祇省へ，次いで教部省へと改組された。神道の国教化の試みは挫折したのである。

代わって政府が試みたのは，アマテラスをまつる伊勢神宮を頂点とした神社の体系を定め，天皇が行うべき祭祀を新たに創り出すことであった。江戸時代の天皇は大嘗祭や新嘗祭を除いてほとんど祭祀を行っていなかったが，明治以降，大幅に祭祀を増やすとともに，紀元節や春季皇霊祭，秋季皇霊祭，新嘗祭など，天皇の祭祀と同じ名称の祭日をつくり，国民に祭祀の重要性を周知徹底させようとした。ここには前述した水戸学からの影響を認めることができる。

しかし，伊勢神宮を頂点とする神社の体系化に対しては，平田篤胤以来の復古神道を重んじる出雲大社が反発した。その中心にいたのは，第80代出雲国造で神道西部管長の千家尊福（1845～1918）であった。尊福ら出雲派は教部省のもとで国民を教化するため設置された神道事務局の祭神が造化三神（アメノミナカヌシ，タカミムスビ，カミムスビ）とアマテラスだけだったことに反発し，オオクニヌシを合祀すべきだと主張した。このため，伊勢神宮の神官ら伊勢派と「祭神論争」を起こすことになる。

伊勢派の落合直亮（1827～94）は，出雲派の主張は「天皇ノ霊魂ト雖モ大国主神ノ賞罰ヲ受給フトカ云リトノ巷説」をあおるものであり，「吾国体ヲ乱ル者」にほかならないとした[注4)]。神道を宗教化してオオクニヌシを天皇の上位に置くことは，「国体」に反しているとしたわけだ。結局，この論争は1881（明治14）年に明治天皇の勅裁によって決着し，出雲派が事実上敗北した。一般人はもちろん，天皇にも倫理的な正しさを求める宗教としての神道は，こうして否定されたのである。

ほぼ時を同じくして，もう一つの神社が台頭する。1869（明治２）年に建てられた東京招魂社を1879（明治12）年に改称した靖国神社である。靖国神社は当初，内乱で政府軍に加わった兵士を祭神にしていたが，やがて国家のために戦って死んだ兵士を無条件に神にするようになる。政府は出雲派を排除することで，表向き神道は祭祀であって宗教ではないとする立場をとるが，復古神道とは異なる形で死後の世界を取り込んだ宗教としての神道が誕生したといえる。その存在は明治から昭和にかけて，対外戦争が起こるほど大きくなり，伊勢神宮と肩を並べる神社になってゆく。

では，肝心の明治天皇に対する教育はいかなるものであったか。

天皇には侍講と呼ばれる教育係がつき，神道国教化を進めようとした福羽美静が国学を，儒学者の元田永孚（ながざね）（1818〜91）が漢学を担当した。天皇が影響を受けたのは，国学よりも漢学のほうであった。元田は中国古代の聖人とされる堯（ぎょう）や舜（しゅん）を理想とし，『論語』や『書経』をテキストにしながら，天皇に儒教倫理を教え込もうとした。最も重要なのは，普遍的な人間愛を意味する「仁」であった。天皇が臣民に対して分け隔てなく愛情を注ぐことの重要性を，元田は明治天皇に説いたのである。

しかしこの路線は，天皇を専制君主にすることを意味するので，西洋列強にならって近代化を進めようとしていた伊藤博文（1841〜1909）ら政府関係者によって否定されることになる。彼らが目指したのは，プロシアなどの例を参考にしながら憲法を制定し，天皇の権力を法のもとに位置付けることであった。

1889（明治22）年に発布された大日本帝国憲法は，第一条で「大日本帝国ハ万世一系ノ天皇之ヲ統治ス」と規定している。「万世一系」というのは，初代とされる神武天皇からずっと男系の血統でつながっていることを意味する。個々の天皇の倫理的資質は問われないということだ。国学的思考が復活しているともいえる。

また第二十八条には，「日本臣民ハ安寧秩序ヲ妨ケス及臣民タルノ義務ニ背カサル限ニ於テ信教ノ自由ヲ有ス」とある。水戸学からの影響にもとづき，神道を祭祀であって宗教でないとしたのは，西洋列強にならって「信教ノ自由」を認めるためでもあった。けれども天皇を崇敬し，神社に参拝することは「臣民ノ義務」であり，キリスト教や仏教を信仰することと矛盾しないとされた。

大日本帝国憲法が発布されても，多くの人々はその具体的中身をよく知らなかった。その条文や解釈は，一握りの大学生だけが学ぶべきものだったからだ。憲法よりも大きな影響を及ぼしたのは，憲法発布の翌年に発布され，小中学校で広く教えられることになる教育勅語（教育ニ関スル勅語）であった。

憲法の起草に当たった井上毅（1844〜95）のほか，元田永孚も勅語の起草にかかわったことは，「朕惟フニ我カ皇祖皇宗国ヲ肇ムルコト宏遠ニ徳ヲ樹ツルコト深厚ナリ」という冒頭の一節からもうかがえる。「徳ヲ樹ツルコト深厚ナリ」という言い回しに，君主の徳を重んじる儒教的思考を見いだすことができる。

しかしこの一節からは，アマテラスをはじめ，歴代の天皇がすべて倫理的に優れていたかのような印象を受けてしまう。統治者が徳を失えば革命が起きるという儒教の根本思想は，周到に排除されている。

しかも教育勅語では，「一旦緩急アレハ義勇公ニ奉シ以テ天壌無窮ノ皇運ヲ扶翼スヘシ」とあるように，儒教倫理にはなかった国家に対する忠誠心が強調されている。「一旦緩急アレハ」は戦争のような非常時を，

「天壌無窮ノ皇運」は天地とともに永遠に続く天皇の世を意味する。この一節からは，国家のために命を捧げた兵士を一括して祭神にする靖国神社との親和性を感じないわけにはいかない。

確かに明治天皇（1852～1912）は，歴代の天皇で初めて伊勢神宮や靖国神社に参拝したほか，1888（明治21）年に宮城（現・皇居）に建てられた宮中三殿でも新嘗祭や紀元節祭などの祭祀（宮中祭祀）を行った。しかし他方，ほとんどの宮中祭祀が明治になって創られた「にせの伝統」であることもわかっていた。1895（明治28）年に中国に勝利した日清戦争以降，祭祀に熱心でなくなるのは，このためだったと思われる。

生まれながらにしてアマテラスと血縁でつながっている天皇とは異なり，皇后は人生の途中で宮中に入ってくる。明治天皇の皇后となる一条美子（はるこ）（昭憲皇太后。1849～1914）と大正天皇（1879～1926）の皇后となる九条節子（さだこ）（貞明皇后。1874～1951）は，ともに日蓮宗の熱心な信者として育った。

美子は明治天皇の死後，法華経の写経を続けたように，日蓮宗の信仰を最後まで捨てなかった。節子は皇后になってから，筧（かけい）克彦（1872～1961）が唱える神道の体系的教義「神（かん）ながらの道」に出会い，筧から直接講義まで受けている。そして筧から，女人成仏を説きながら女身は穢（けが）れているとする日蓮宗の欠点を指摘され，男女に優劣はないとする「神ながらの道」に事実上改宗している。どちらの皇后も，祭祀としての神道だけで満足していたわけではなかったのだ。

3. 神道をめぐる葛藤――貞明皇后と昭和天皇

明治政府は，政治や軍事は男性である天皇が関わるものとし，皇后をそこから周到に排除した。その一方で，宮中祭祀に関しては天皇のほかに皇后をはじめとする皇族も出席することが，1908（明治41）年制定の皇室祭祀令で規定された。宮中祭祀には大祭と小祭があったが，皇后は新嘗祭を除く大祭（春季皇霊祭，秋季皇霊祭，神嘗祭など）と一部の小祭（二代前から四代前までの天皇の例祭や賢所御神楽など）に出て宮中三殿に上がり，賢所，皇霊殿，神殿のいずれかで拝礼するものとされたのである。

賢所には伊勢神宮内宮（皇大神宮）の神体とされる八咫鏡の分身が，皇霊殿には歴代の天皇や皇族の霊が，神殿には天神地祇がそれぞれまつられている。拝礼するにあたっては，アマテラスをはじめとする神々の存在を心から信じたうえで，国民の平安を祈ることが求められるのだ。この点では，たとえ死後の世界はなくても，会沢正志斎が喝破したように宗教的要素はあるといえる。

前述のように明治天皇は，日清戦争以降，宮中祭祀をほとんど行わなかった。大正天皇もまた同様の姿勢を受け継ぎ，しだいに体調を崩していったが，「神ながらの道」に出会った貞明皇后は，大正天皇に入れ替わるようにして宮中祭祀に熱心になる。そして明治政府が出雲派を排除する形で確立させた祭祀としての神道に，よりいっそうの宗教的要素を見いだすようになるのである。

このことが，息子である皇太子裕仁（後の昭和天皇。1901～89）との確執を引き起こす要因になった。皇太子はヨーロッパから帰国後の1921（大正10）年11月，引退させられた大正天皇に代わる摂政となり，英国王室を手本とした宮中改革に乗り出した。その眼目は女官制度の改革であった。大正天皇の時代に一夫一婦制がすでに確立していたにもかかわらず，なお局（後宮）が存在し，源氏名で呼ばれる独身の女官が多く住み込む前近代的な制度を一掃することを目指したのだ。

これに真っ向から異を唱えたのが母の節子（貞明皇后）であった。住み込みの女官は宮中祭祀を行ううえで必要であり，裕仁の姿勢は祭祀を軽視しているように見えたからだ。実際に皇太子は，摂政になって最初に行うべき1922（大正11）年11月23日の新嘗祭を行わなかった。香川県で行われた陸軍特別大演習の統裁のあと，すぐに東京に戻らず，11月23日には久松定謨（1867～1943）が皇太子のためにわざわざ愛媛県の松山に建てた迎賓館（萬翠荘）でビリヤードに興じていた。

翌年９月１日には，関東大震災が起こっている。このとき皇后は，「上下もこゝろ一つにつゝしみて　神のいさめをかしこまんかな」という和歌を詠んでいる。東京や横浜を襲った未曾有の震災は，「神のいさめ」によるものだと考えていたのである。

事実上の天皇が祭祀を軽視して私的享楽に浸っていたことに対して，アマテラスが怒り，警告を発したとすれば，アマテラスと歴代の天皇が血統でつながっているという安定的な関係は崩れ，平田篤胤や六人部是香にとってのオオクニヌシのように，アマテラスが天皇の行いを見張っていることになる。そして天皇が倫理的な正しさから逸脱したと判断される場合には，アマテラスが警告を発するのである。貞明皇后にとっての神道は，もはや単なる祭祀ではなかった。

昭和になり，裕仁は天皇（昭和天皇）に，節子は皇太后になる。天皇が京都御所で即位の礼を行う直前の1928（昭和３）年10月，元老の西園寺公望（1849～1940）はこう述べている。

> 皇太后陛下敬神ノ念熱烈ニテ，天皇陛下ノ御体〔態〕度ニ御満足アラセラレズ。（中略）皇太后陛下ハ右ノ如キ形式的ノ敬神ニテハ不可ナリ，真実神ヲ敬セザレバ必ズ神罰アルベシト云ハレ居リ。（中略）此コトガ度々加フレバ，其ノ為御母子間ノ御親和ニ影響スルヤモ計リ難ク，夫レ等ノ点ニ付テハ十分ニ注意スベキコト、思フ[注5)]。

天皇はただ形式的に祭祀を行っているにすぎない。心から神を崇敬することができなければ「神罰」が当たると皇太后は言うのだ。あたかも皇太后がアマテラスになり代わり，天皇の上位に立っているかのようである。

天皇と皇太后の確執は戦中期も続いた。『日本書紀』には，仲哀天皇の后である神功（じんぐう）皇后が，仲哀天皇の死後に神託を受けて応神天皇を懐妊したまま朝鮮半島に出兵し，新羅を平定し，百済と高句麗に朝貢を誓わせて帰国する「三韓征伐」が記述されている。大正天皇が引退させられた翌年の1922（大正11）年に神功皇后を祀る九州の香椎（かしい）宮に単独で参拝し，神功皇后の霊と一体化したと信じた皇太后は，もし天皇が心からアマテラスをはじめとする神々の存在を信じて戦勝を祈れば，戦争に勝つことができると信じていた。昭和天皇は明治天皇や大正天皇とは異なり，宮中祭祀に熱心になったが，その背後には元老西園寺が危惧した通り，「神ながらの道」にのめり込む皇太后がいたのである。

戦中期の昭和天皇は，毎年4月と10月に開催された，戦死した兵士を合祀する靖国神社の臨時大祭に際して必ず参拝する一方，太平洋戦争開戦から1年後の1942（昭和17）年12月には，戦勝祈願のため伊勢神宮の外宮（げくう）と内宮に参拝した。そして内宮ではアマテラスに向かって，「速けく敵等を事向けしめ給ひ天壌の共隆ゆる皇国の大御稜威（おおみいつ）を八紘に伊照り輝かしめ給ひて無窮に天下を調（ととの）はしめ給へ」という一節を含む御告文（おつげぶみ）を読み上げている[注6)]。これは明らかに皇太后を意識したパフォーマンスであった。

しかし天皇の必死の祈りもむなしく，戦況は一向に好転しなかった。それでも皇太后は戦勝を信じ続ける。「社頭寒梅」をお題とする1945（昭和20）年1月22日の歌会始に際しては，「かちいくさいのるとまゐるみやしろの　はやしの梅は早さきにけり」という驚くべき和歌を詠んでいる[注7]。この和歌は公表されず，新聞では別の和歌に差し替えられた。その4日前には，高松宮妃喜久子（1911～2004）に「ドンナニ人ガ死ンデモ最後マデ生キテ神様ニ祈ル心デアル」と言い放っている[注8]。

敗戦直前の1945（昭和20）年7月30日と8月2日，応神天皇を主祭神とする宇佐神宮と神功皇后を主祭神とする香椎宮に，天皇から祭文（さいもん）を託された勅使が派遣された。祭文の内容は，「国内尽（ことごとく）一心に奮起（ふるいた）ち有らむ限りを傾竭（かたむけつく）して敵国を撃破（うちやぶ）り事向けしめむとなも思（お）ぼし食（め）す（中略）速けく神州の禍患を禳除（はらいのぞ）き聖業を成遂げしめ給へ」などとあるように，従来にない激しい調子で戦勝を祈るものであった[注9]。

なぜこの時期に，勅使が従来の伊勢神宮ではなく，わざわざ九州の宇佐神宮と香椎宮に派遣されたのか。両社の祭神に注目すれば，前述した「三韓征伐」が浮かび上がってくる。アマテラスにいくら祈っても，戦況は好転しなかった。もう敗戦が事実上決まったこの時期に，対外戦争に勝った伝説がよみがえったのである。ここには伝説を事実と信じ，あくまでも戦勝にこだわった皇太后の意向があったように思われる。

4. 戦後の天皇にとっての宗教と倫理

戦中期の皇太后節子には，戦争が倫理的に正しいかどうかを問い直す姿勢はなかった。神功皇后の霊と一体化したと信じた皇太后にとっては，戦勝を祈り続けることこそが正しい行いなのであり，アマテラスが自分たちの行いを諌めていると考える余地はなかった。

この点に関しては，昭和天皇もまた同様であった。敗戦直後の1946（昭和21）年1月13日，天皇は侍従次長の木下道雄（1887～1974）にこう語っている。

戦時後半天候常に我れに幸いせざりしは，非科学的の考え方ながら，伊勢神宮の御援けなかりしが故なりと思う。神宮は軍の神にはあらず平和の神なり。しかるに戦勝祈願をしたり何かしたので御怒りになったのではないか[注10)]。

ここには，アマテラスは平和の神のはずなのに，戦勝を祈願したことで怒りを買ったのだとして，戦中期の自らの行いを痛烈に反省する昭和天皇の言葉がある。少なくとも天皇は，道義的倫理的責任を感じていたはずだ。だが，その責任をとって退位するという選択肢は，連合国軍最高司令官として着任したダグラス・マッカーサー（1880〜1964）によって拒絶されてしまう。

もう一つの責任の取り方として天皇が考えていたように見えるのは，神道そのものを捨てて転向し，他の宗教を信仰することであった。実際に占領期の昭和天皇は，「こういう戦争になったのは，宗教心が足りなかったからだ」と述べるとともに[注11)]，フランス人の神父や日本に帰化したドイツ人の修道女としばしば面会し，神父をバチカンに派遣して親書を届けさせるなど，急速にカトリックに接近している。実際に当時の新聞には，改宗の風説を伝える記事まで流れていた。

歴史的に見れば，天皇の改宗は決して突飛ではなかった。奈良時代の孝謙天皇（718〜70）から江戸時代の霊元天皇（1654〜1732）まで，出家した天皇は数多くいたからだ。戦争末期の1945（昭和20）年１月には，元首相の近衛文麿（1891〜1945）が仁和寺（にんなじ）の門跡らを招き，敗戦後に天皇を出家させて「裕仁法皇（ゆうにんほうおう）」とし，門跡として金堂に住まわせる計画まで立てていた[注12)]。

だがもちろん，天皇が改宗することはなかった。天皇は戦争に対する道義的倫理的責任を感じながら，その責任を行動で示すことはなかったのだ。元内大臣の木戸幸一（1889〜1977）は，「皇室丈（だけ）が遂に責任をおとりにならぬことになり，何か割り切れぬ空気を残し，永久の禍根となるにあらざるやを虞(おそ)れる」と述べている[注13)]。

こうした文脈から眺めたとき，カトリック的な家庭や学校で育った正田美智子（現上皇后）が多くの反対を押し切って皇太子明仁（現上皇）と婚約したことにつき，昭和天皇が侍従の入江相政(すけまさ)（1905～85）に「美智子さんの事につき非常に御期待になつてゐること」をいろいろと話したことの意味が浮かび上がってくる[注14)]。天皇は正田美智子が宮中に入ることで，祭祀としての神道がカトリックと接合されることを期待しているようにすら見えるからである。

美智子妃は，1961（昭和36）年に最初の本格的な地方訪問として皇太子明仁とともに長野県を訪れたときから，養護老人ホームで高齢者にひざまずくなど，カトリック的な振る舞いを見せた。こうした振る舞いは，歴代の天皇にはもちろん，昭憲皇太后や貞明，香淳の各皇后にもないものであったが，皇太子明仁に影響を及ぼし，やがて二人は一緒にひざまずくようになる。明仁，美智子夫妻は宮中祭祀に非常に熱心であり，その熱心さは70年代以降に祭祀の負担を減らした昭和天皇を上回るほどであった。

2016（平成28）年８月に表明された「象徴としてのお務めについての天皇陛下のおことば」のなかで，天皇明仁は「私はこれまで天皇の務めとして，何よりもまず国民の安寧と幸せを祈ることを大切に考えて来ました」と述べている（宮内庁ホームページ）。宮中三殿などでアマテラスや神々に向かって祈るという宗教的行為と，国民の安寧と幸せを祈るという倫理的行為は，天皇のなかで完全に一致しているのである。その背後にはやはり，神道とは異なる宗教的な素地をもち，人生の途中から宮中に入った皇后の存在があったと思われる。

もし神道が単なる祭祀であって宗教ではなく，「万世一系」の皇統の保持こそが日本のアイデンティティであるならば，個々の天皇の倫理的資質は問われず，どのような天皇であろうと死後に罰せられることもない。けれども実際には，倫理と宗教の問題は明治以降の皇室で大きな比重を占め続けた。本章は，限られた紙幅のなかで，その歴史的前提を含めてラフスケッチを試みたものである。

〉〉注

注1）ただし，儒教を教義や教団をもたない「沈黙の宗教」とする見解もある。加地伸行『沈黙の宗教―儒教』（ちくま学芸文庫，2011年）を参照。

注2）申維翰『海游録　朝鮮通信使の日本紀行』（姜在彦訳注，平凡社東洋文庫，1974年）312頁。

注3）伊勢神宮は正式には神宮といい，外宮（豊受大神宮）と内宮（皇大神宮）を二大中心とする。アマテラスをまつっているのは，内宮である。

注4）落合直亮『神道要章弁』（無窮会図書館所蔵）。丁や頁の印刷はない。

注5）「倉富勇三郎日記」（国立国会図書館憲政資料室所蔵）1928年10月20日条。

注6）『昭和天皇実録』第八（東京書籍，2015年）859頁。原文は宣命書き。

注7）この和歌は，『貞明皇后御歌集』（主婦の友社，1988年）に収められている。

注8）『高松宮日記』第八巻（中央公論社，1997年）19頁。

注9）『昭和天皇実録』第九（東京書籍，2015年）740～741頁。原文は宣命書き。

注10）木下道雄『側近日誌』（文藝春秋，1990年）116頁。

注11）徳川義寛『侍従長の遺言　昭和天皇との50年』（朝日新聞社，1997年）116頁。

注12）吉田裕『昭和天皇の終戦史』（岩波新書，1992年）21頁。

注13）『東京裁判資料　木戸幸一尋問調書』（大月書店，1967年）559頁。

注14）『入江相政日記』第六巻（朝日文庫，1994年）56頁。

《学習のヒント》

1．日本で儒教が倫理として果たした役割について考えてみよう。
2．江戸時代から戦後までの日本の歴史をもとに，祭祀としての神道と宗教としての神道の関係について考えてみよう。
3．明治から戦後までの天皇制の歩みのなかで，倫理と宗教はどのように変容したかについて考えてみよう。

参考文献

原武史『〈出雲〉という思想』（講談社学術文庫，2001年）
原武史『昭和天皇』（岩波新書，2008年）
原武史『「昭和天皇実録」を読む』（岩波新書，2015年）
片野真佐子『皇后の近代』（講談社選書メチエ，2003年）
原武史『皇后考』（講談社学術文庫，2017年）
吉田裕『昭和天皇の終戦史』（岩波新書，1992年）
原武史『平成の終焉　退位と天皇・皇后』（岩波新書，2019年）

7　環境と倫理

迫田章義

《目標＆ポイント》 マスコミやネットに氾濫する環境問題に関するいろいろな情報に振り回されることなく，科学的に正しい情報や知識などに基づいて問題解決について自ら考え行動するための一助として，ここでは幾つかの環境問題について整理し，適切な対応策等を考える。
《キーワード》 地域環境，地球環境，地球温暖化，エネルギー消費，化石燃料，再生可能エネルギー

1．はじめに

人間ひとりひとりの周りをとりまく大小さまざまな空間と，長期・短期の様々な時間軸を有する「環境」と，人間ひとりひとりの心の内部奥深くに潜在するであろう「倫理」の，「交わり」・「積」について考えることは，筆者にはもちろん，ほとんどの皆様にも，とても難しいと思われる。ひとつだけ確実に言えると思われることは，新聞，テレビ等，また最近では特にネットにあふれる様々な情報に振り回されることなく，科学的に正しい知識に基づいて，冷静に考えることが重要であるということである。そこで本章では，理工系の「工学」，さらに特化するならば「環境・化学工学」が専門と自負している筆者が，放送大学で担当しているテレビ授業「エネルギーと社会」およびオンライン授業「環境工学」の内容の一部を再整理して紹介する。皆様にこの難題について独自に考えて頂けるきっかけとなれば幸いである。

2. 地域環境と地球環境[1)]

(1) 環境について

改めて環境とは何かを考えると，それはわれわれの身の周りのすべてを指し，職場環境，居住環境，医療環境等々の社会環境の方が日常の生活の中で実感し悩んだりすることが多いであろうが，ここでは，まず物理的，化学的，生物的現象が深く関与していて，自然現象，人間，生態系等に科学的に説明できる問題を生じさせる自然環境に絞って考える。すると，自然環境は厳密な定義はないものの，さらに地域環境と地球環境に大別できよう。

(2) 地域環境

地域環境とは特定の地域，特定の河川流域，特定の海域や，さらに狭く，特定の企業等の周辺地域における環境をさし，古くから「公害」と呼ばれる環境問題がある。

以下の７つの「公害」が環境基準法に挙げられており，一般的に「典型７公害」と呼ばれている。

①大気汚染（SO_x，NO_x，PM2.5など）
②水質汚濁（有害化学物質など）
③土壌汚染
④騒音
⑤振動
⑥悪臭
⑦地盤沈下

このうち①の大気汚染は後に述べる地球温暖化の主たる原因と言われている二酸化炭素（CO_2）の大気中への排出と同様に，石炭，石油，天然ガスなどの化石燃料を工業などの産業，われわれの暮らしである民生，自動車等による運輸などに利用することによって，その燃焼の化学反応から原理的に発生するSO_x，NO_x，PM2.5などが原因となる。

つまり，化石燃料の主たる構成元素は炭素であるが，石炭，石油，天然ガスともに，一般には表７−１に示すように，硫黄や窒素などが含まれる。ただし，化石燃料の構成元素は産地などで大きく異なり，表７−１の数値は代表的な値である。このような元素で構成される化石燃料を種々の用途でエネルギーを取り出すために燃焼させると，以下に示すように主成分の炭素は二酸化炭素（CO_2）になり，硫黄と窒素はそれぞれ，硫黄酸化物（一酸化硫黄（SO），二酸化硫黄（亜硫酸ガス）（SO_2），三酸化硫黄（SO_3）など。これらの化学式からSO_x（ソックス）と言われることが多い）と窒素酸化物（同様にNO_x（ノックス））になる。

$$C \rightarrow CO_2$$
$$H \rightarrow H_2O$$
$$S \rightarrow SO_x$$
$$N \rightarrow NO_x$$

このうち，SO_xとNO_xが何の処理もされずに大気中に排出されると，文字通り大気が汚染され，酸性雨が降ることとなったり，呼吸によって体内に取り込むと，直接的に，または間接的に慢性気管支炎や気管支喘息などを発症させることが多いと言われている。さらに，スモッグ，光化学スモッグ，PM2.5などの生成を誘発することになる。

表７−１　化石燃料の構成元素（数値は概数）（単位は％）

	炭素（C）	水素（H）	酸素（O）	硫黄（S）	窒素（N）
石炭	70〜80	４〜６	８〜13	0.3〜0.8	１〜２
石油	80〜85	10〜15	0.2〜0.5	３〜５	0.2〜0.5

注）引用文献１）表３−１を転載

粒子状物質（Particulates，Particulate Matters（PM））も主要な大気汚染物質である。化石燃料の燃焼で生じる煤（スス）や排出ガス中のSO_xやNO_xなどが大気中で反応して生成する微粒子で，大きさはマイクロメーター（μm）のオーダーである。特に，大気中に浮遊する微粒子のうち，直径が2.5マイクロメーター（μm）以下のものがPM2.5と呼ばれる微小粒子物質である。特に，PM2.5を呼吸によって肺の中に取り込むと，肺の奥深くまで侵入しやすいことから，呼吸器系や循環器系に悪影響が出ることが懸念されている。

SO_xやNO_xの発生や排出を抑制するためには，すなわち大気汚染を防止するための本質的な方法は，化石燃料から，またはその燃焼排ガスから硫黄成分や窒素成分を取り除くことであり，先進国，なかでもわが国は高度な脱硫（硫黄成分を除去する）技術や脱硝（窒素成分を除去する）技術を有していると言えよう。しかし，この問題はいずれの国や地域においても，その場で完結する話ではなく，大気汚染に関与する物質は国境も海も超えて移動し伝搬することから，このような技術を開発途上国等に移転することも重要であろう。

（3） 地球環境

これに対して，地球環境とは文字通り全地球規模にまたがる広域の環境であり，そこでの環境問題がいわゆる地球環境問題で，主に以下の問題がよく議論され，解決策も提案・実施されていると言えよう。

①地球温暖化と異常気象

②オゾン層破壊

③熱帯林減少

④砂漠化

⑤酸性雨

⑥生物多様性の減少

つまり，人間が地球を独り占めして好き勝手をするのではなく，人間以外のすべての生物，微生物等も地球の恩恵を享受できるようにすることが重要である。このことを，すべての個人，企業等も深く理解して行動することが必要と思われる。各個人がこの問題を正しく理解し，自らが取るべき行動を考えて実践することが必要であろう。

この掟に触れてしまって，地球環境を破壊しつつあるのが地球環境問題で，その中心となるのが地球温暖化であろう。ここでは，多くの地球環境問題のうちから，地球温暖化に絞って，抽象的，宗教的に自らの考えを主張するのではなく，まず，客観的，科学的に，その現象，原因，解決策などを考えることとする。

3. 地球温暖化の科学

（1） 地球の熱収支[2)]

図７－１に，昼夜の別や天候等を考慮して大きく全体像でまとめた地球の熱収支を示す。太陽からの放射伝熱で地球が受取る熱量を100とす

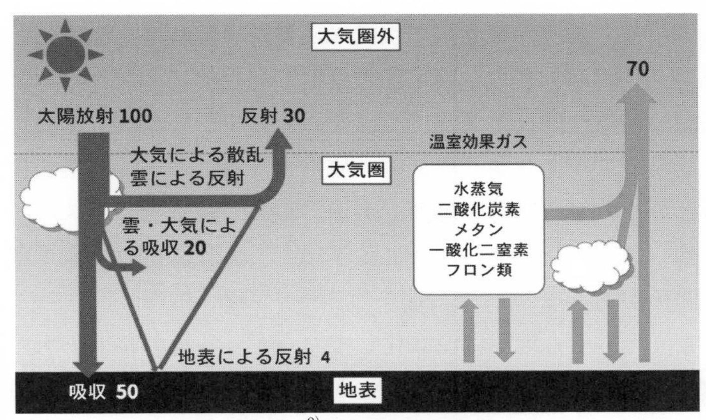

図７－１[2)]　地球の熱収支

表7－2　主な温室効果ガスと地球温暖化ポテンシャル

温室効果ガス	地球温暖化ポテンシャル
二酸化炭素（CO_2）	1
メタン（CH_4）	25
一酸化二窒素（亜酸化窒素）（N_2O）	298
トリフルオロメタン（CHF_3）	14,800

ると，地表に届くことなく反射される熱量が30，地表に到達して，あるいは大気に吸収されたり大気と地表の放射伝熱を繰り返して，最終的に地球からの放射伝熱で放出される熱量が70で，きちんとバランスしている。このバランスがとれた状態の地球の温度を変えるのが，図中に示されてる温室効果ガスの存在である。温室効果ガスとしては主に表7－2に示すガスが挙げられる。ここで，地球温暖化ポテンシャル（Global Warming Potential；GWP）とは，同じ濃度で大気中に存在したときに温室効果の強さを，二酸化炭素を1としたときの比率であらわしたものである。これらは地球からの放熱を吸収する効果があり，その濃度が高くなると，結果として濃度が低い場合と比べてより高い温度でバランスを取ることになる。この，より高い温度で，というのが地球の温暖化である。つまり，温室効果ガスの濃度に変動がなければ，温暖化も寒冷化もしない，いわばもともとの地球の温度で安定的に保たれる。ところが，主に人間の産業活動（工業だけではなく，農業や畜産業も重要）によって温室効果ガスがより多く大気中に放出されることが地球温暖化の原因であるというのが一般的な理解である。特に，温室効果ガスの中でも二酸化炭素（CO_2）の濃度上昇が注目され，これは現在のエネルギー消費に深い関係がある。

ただし，そもそも地球は温暖化しておらず，各種の将来予想も正しいとは言えないという意見もある。しかし，客観的で科学的な観測データとして，大気中のCO_2濃度は上昇しているし，異常気象が世界各地で頻繁に見られる。疑わしきは正すべきで，その意味でCO_2の排出削減はなされるべきであろう。

（２）　エネルギー消費の影響[1)]

われわれは日々の社会活動（産業，運輸，民生など）で様々な種類のエネルギーを様々な使い方で消費している。しかしながら，エネルギーの本質的な形態は次の６種類である。

１）力学（的）エネルギー（位置エネルギーと運動エネルギー）
２）光エネルギー
３）化学エネルギー
４）核エネルギー
５）電気エネルギー
６）熱エネルギー

実際の社会において自然界に存在しわれわれが使う源となるエネルギーを１次エネルギーと呼ぶが，これは化石エネルギーと再生可能エネルギーと原子力エネルギーの３つからなる。

（１次エネルギー）＝（化石エネルギー）＋（再生可能エネルギー）＋（原子力エネルギー）

化石エネルギーの本質は，化石燃料（石油，天然ガス，石炭など）が物質の内部に内包する化学エネルギーである。再生可能エネルギーは大部分が太陽から地球に届く光エネルギーである。また，原子力エネルギーは放射性物質が内包し外部に放出する核エネルギーである。

これらの１次エネルギーは，実際の産業や暮らしの中では直接は使いにくい。例えば，石油は原油として油田で採掘されるものの，そのままでは燃料としても化学原料としても使いにくく現実的な資源ではない。

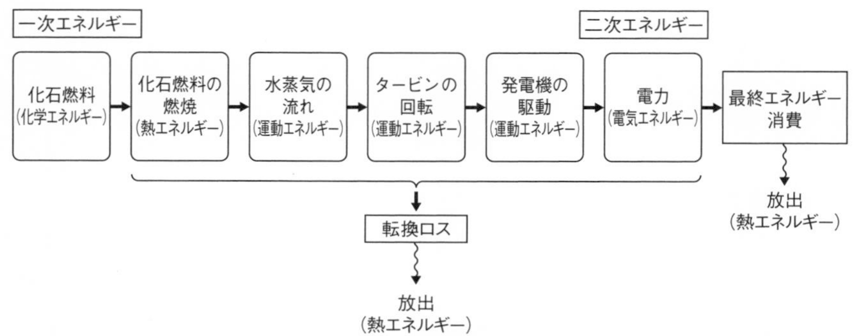

図７－２[1)]　一次エネルギーから最終エネルギー消費までのエネルギーの流れ（火力発電の場合）

注）引用文献１）の図３－１を転載

そこで，使いやすいエネルギーの形態である電気や燃料など（身近なところでは，ガソリン，灯油，都市ガスなど）に転換される。これらの使い易くて，我々が直接消費しているエネルギーを２次エネルギーと言う。

例えば，化石燃料による火力発電について考えてみよう。図７－２に示したように，１次エネルギーである石油，天然ガス，石炭の有する化学エネルギーから，それらの燃料を燃焼させて熱エネルギーを得て，その熱エネルギーで水を蒸発させて水蒸気の運動エネルギーを得て，その水蒸気でタービンを回してタービンの運動エネルギーを得て，さらにタービンが発電機を駆動して電気エネルギーを得る。このように多段階の転換を経て得られた２次エネルギーが，われわれの社会における産業，運輸，民生などで消費され，最終的には熱エネルギーとなって系外（最終的には宇宙空間）に放出される。

さらに，化石燃料から２次エネルギーを得るフローを整理すると図７－３のように示せる。わが国の主要な１次エネルギーである化石エネルギーの本質は，化石燃料（石油，石炭，天然ガスなど）の有する化学エ

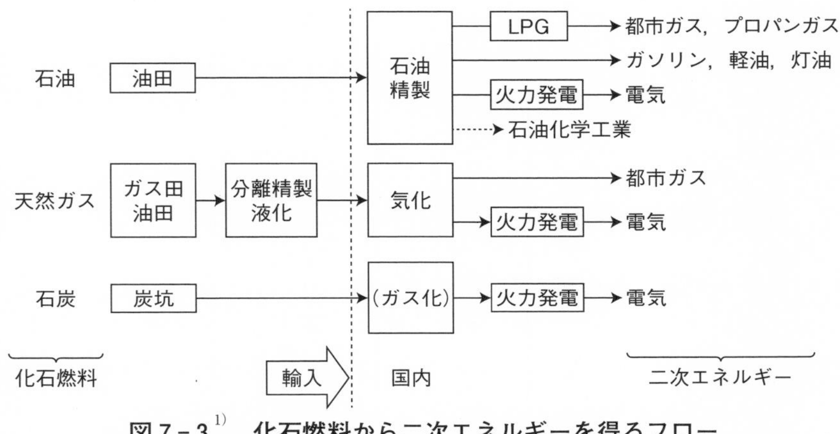

図7－3[1)]　化石燃料から二次エネルギーを得るフロー

注）引用文献1）の図3－2を転載

ネルギーが本質であり，この化学エネルギーをもつ有機物を燃焼させて水とCO_2に分解することで化学エネルギーを燃焼熱として取り出すことから，CO_2の発生は原理的に避けられない。この化石燃料由来のCO_2を大気中に排出することは，大気中のCO_2濃度を上昇させ，このことが地球の温暖化につながるとも言われている。

そこで，このCO_2の排出を極力削減するために，化石エネルギーから再生可能エネルギーへ移行することが注目されている。また，わが国においては東日本大震災・原発事故を機に，海外から輸入する化石エネルギーから大規模集中型で電気や燃料を生産し（大量生産），国内の津々浦々に供給し（長距離輸送），大量に消費・廃棄する（大量消費）仕組みを見直して，国内で調達可能な小規模分散型の再生可能エネルギーへの依存度を徐々にでも向上させて，CO_2の排出を削減しつつエネルギーの自給率を大きくすることに一層注目されるようになったと言えよう。

このように，地球温暖化の防止とは化石エネルギーからの脱却であり，原子力エネルギーと再生可能エネルギーへの転換が望まれる。原子力エネルギーの利用については，賛否両論の議論が続いているが，再生可能エネルギーの利用については基本的には推進しようという意見が大半であろう。

4. 再生可能エネルギーへの移行[1)]

(1) 再生可能エネルギーの利点

再生可能エネルギーとはどのようなエネルギーであろうか。実は，「再生可能（renewable）」という用語は誤解を招いているかもしれない。どのような形態のエネルギーが，どのような方法でどのような経路で使われても，最終的には低レベルの熱エネルギーとなって系外へ放出されるわけで，エネルギーは生成も消滅も再生もしない。再生可能エネルギーは自然現象から通常の利用方法では半永久的に無尽蔵に供給されるエネルギーであって，エネルギーが使用された結果として生じた低レベルの熱エネルギーは一方的に系外に放出されているものの，そのエネルギーはいくら使っても無くならないので見掛け上は使用後に生成した熱エネルギーが運動エネルギーや電気エネルギーという利用可能な状態に戻っているかのように見えるだけに過ぎない。つまり，再生可能エネルギーの利用は真にエネルギーが再生されて繰返し利用されるのではない。

このような再生可能エネルギーの利用方法を表7-3に示した。すべての再生可能エネルギーは発電に利用される。例えば，水力発電においては，川の上流や丘の上の溜め池など高いところにある水は力学（的）エネルギーのひとつである位置エネルギーを持っている。このような位置にある水は重力により自然に低いところへと落下・流下することで運動エネルギーをもった水流となる。この水流はタービンの運動エネル

表７－３　再生可能エネルギーからの二次エネルギー

再生可能エネルギー	二次エネルギー			
	燃料	電気	熱	
水　　　力		○		
風　　　力		○		
地　　　熱		○	○	
バイオマス	○	○		（＋工業原材料）
太　陽　熱		○	○	
太　陽　光		○		

注）引用文献１）表９－１を転載

ギーとなり，さらにそれが発電機を駆動して電気エネルギーとなる（発電）。低いところにたどり着いた水は，さらに河川を経て海洋へと自然に流下し，この過程において太陽エネルギー（光エネルギー）を受けて蒸発し，やがて雲となり降雨となって落下し，一部は再び高いところの水となる。すなわち，この例の水力発電とは，太陽エネルギーによって引き起こされる水の大循環という自然現象の中に，われわれの知恵と技術で生み出した設備（水車，発電機など）を巧みに組込んでエネルギーを獲得しているわけである。したがって，通常の利用の仕方では，再生可能エネルギーの利用は有機物質等で自然環境を破壊することも生態系を攪乱することも，そしてCO_2の排出もない。

（２）　再生可能エネルギーの問題点

化石エネルギーを供給する化石燃料は，主に石炭は炭鉱で，石油は油田で，天然ガスはガス田や油田で，高いエネルギー密度で大規模に採掘されて大量輸送で消費地に届けられる。これに対して，再生可能エネルギーの殆どはエネルギー密度が低く分散して存在する。また，利用可能な地域が極めて地理的に限定的であることが多い。例えば，風力発電は年間を通じて安定した強風が吹く地域に限定されるし，太陽光も晴れの日が多い地域の方がより適している。

さらに，再生可能エネルギーで大規模に発電する場合には，発電する電力の調整が難しいこともある。電力は刻々と変化する電力需要と同じだけ供給する必要がある。このことのイメージを図７－４に示した。このイメージでは，電力需要は昼間にピークを迎える場合であり，これまでは安定している代わりに電力調整が難しいベース電力を原子力発電が担い，比較的電力調整の容易な火力発電の出力を刻々調整して需給バランスを取ってきた。ここに，例えば再生可能エネルギーでの発電である太陽光発電からの電力を入れる場合には，その出力が刻々と変動することからバランス調整が複雑かつ困難になる。場合によっては，火力発電を全面的に停止しても太陽光発電だけで需要を上回るという事態もある。

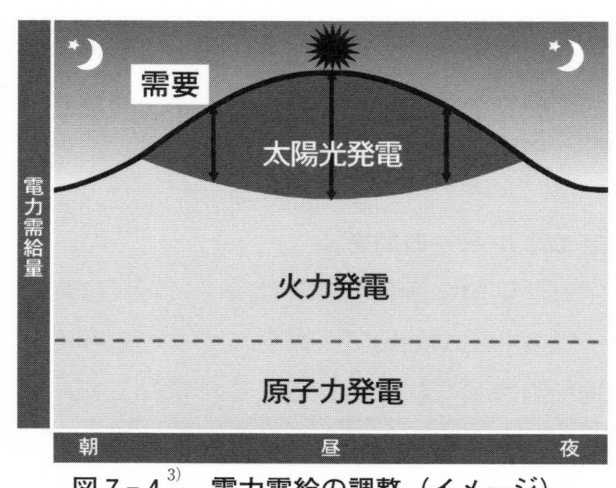

図７－４[3)]　電力需給の調整（イメージ）

5. おわりに

ここで取り上げた地球環境問題のひとつである地球温暖化問題とエネルギー消費について，さらに自ら学習したうえで各自が将来あるべき地球について考えてもらえれば幸いである。地球は大事であるが，エネルギーを消費することは現在も将来も不可欠である。このバランスについて，必ず科学的に正しい知識に基づいて考えて頂きたい。ここで参考になろうと思われるのが，図7-5にイメージを示した「バックキャスティング」という考え方であろう[4), 5)]。再生可能エネルギーの地産地消を目指す場合，地域のあるべき将来像，すなわち構築すべき地域システムを出来る限り定量的に設計して，次にそのシステムを具現化するプロセス（技術の集合体）を構築し，このプロセスを駆動する要素技術を開発するという取り組みがなされるべきであろう。こうすることによって，目指すべき技術開発の目標も，漠然と小規模で大容量という言い方でなく，数値で示されることになる。すなわち，図7-6の右側に示したシ

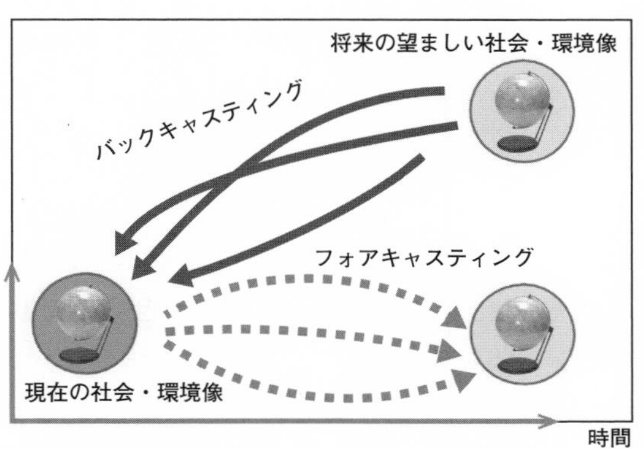

図7-5[4), 5)] フォアキャスティングとバックキャスティング

図7-6[4)]　再生可能エネルギー利用へのアプローチ

ステム→プロセス→技術[4)]というアプローチが望まれる。

図7-5の右上にある「将来の望ましい社会・環境像」，いわばあるべき将来像を考えるにあたって，重要なのが「倫理」であろう。この倫理的に正しい将来像を具体的に考える際の手引きとなるのが「SDGs（=Sustainable Development Goals)」，すなわち「持続可能な開発目標」であるというのが，最近の一般的な考え方であろう。SDGsの詳細は割愛するが，将来に達成されるべき17の目標を示しており，本章で扱った狭い意味での「環境」だけでなく，「経済」，人権や暮らしというような「社会」の3つの分野の調和を図るというのが新規性の高い特徴と言えよう。

《学習のヒント》

1．自分の身の周りの地域環境問題に対して，自分のできることは何かを考えてみよう。

2．地球温暖化問題に対して，企業や個人はどのように対応すべきかを考えてみよう。

3．SDGsの17の目標を詳しく調べてみよう。

引用文献，引用放送授業

1）迫田章義，堤敦司；「改訂新版　エネルギーと社会」，放送大学教育振興会，2019年
2）戸野倉賢一；放送大学オンライン授業「環境工学（'19)」，第２回より引用，改変
3）迫田章義；放送大学オンライン授業「環境工学（'19)」，第５回より引用，改変
4）迫田章義；放送大学オンライン授業「環境工学（'19)」，第15回より引用，改変
5）鈴木基之，編著；「環境工学」，放送大学教育振興会，2003年

8 都市環境の保全・再生・創造に関わる職能の倫理

宮城俊作

《目標およびポイント》 建築，土木，都市計画，ランドスケープなど，都市環境の物理的な側面のあり方に関わる専門的な職能が，どのような価値観と倫理的意識に基づいて日本の近代都市の構築にあたってきたかを概観し，現代的な課題である持続可能な都市の構築にむけた環境の保全・再生・創造を実現するために何が求められているかを考える。
《キーワード》 職能倫理，SDGs，持続可能性，建設技術，コラボレーション，インクルーシブなプロセス

1. 現代都市の物理的環境をめぐる様々な課題

2015年9月に開催された国連総会において採択された「持続可能な開発目標」(Sustainable Development Goals，略称SDGs[注1])は，今後しばらくの間，少なくともこの目標のターゲットイヤーである2030年までは，自然環境と人間環境に関わるあらゆる分野の職能によって共有されるべきひとつの行動目標になるものと思われる。このSDGsに示された17のグローバルな目標と169にも及ぶ達成基準の中には，この章のテーマである都市環境の物理的なあり方に関わる職能によって常に意識されねばならないものが数多く含まれている。具体的にみると，健康と福祉，安全な水環境，効率的なエネルギー供給，産業と技術革新の基盤，住み続けることのできる街，気候変動への対策，海域ならびに陸域の環境保全などは，都市環境が直接関係する目標であることは自明であろう。こ

のことを，現代日本の都市環境が抱えている課題に照らしてみると，ここで検討するべきいくつかの重要な項目に集約して考えることができそうである。

まず何よりも，人間の居住環境を持続可能な状態に維持し続けるという観点にたてば，自然災害に対する防災・減災のための準備や昨今の異常気象がもたらす様々な影響への対応が必要である。さらには地球温暖化の原因と目される温室効果ガスの排出量低減につながる低炭素社会の実現等を，物理的な環境形成の側面から支援することなどが最重要項目として指摘できることに異論はあるまい。これらはいうまでもなくグローバルスケールで取り組むべき課題である。一方，様々な国と地域は，社会の発展段階に応じてそれぞれ固有の課題を抱えていることは想像に難くない。日本を例にとれば，当面は続くであろうといわれている少子高齢化による人口減少，それに伴う市街地の縮退や空き家・空き地の増加により，地域のコミュニティを維持しつつ，都市環境を健全な状態で持続させていくことの難しさが指摘されて久しい。その一方において，インフラと建築が高密度に集積した都心部では，不透水層の拡大や活発な経済活動に伴う排熱がもたらす夏季のヒートアイランド現象が顕著となりつつあり，異常気象の影響もあいまって，都市空間の物理的な安全性と快適性が著しく損なわれつつある。その深刻な影響は，人の生活環境のみならず，あらゆる生物とその環境の相互関係としての生態系にまで及んでいる。また，効率性を追求する大規模な都市再開発事業の進展に伴い，歴史的に継承されてきた街並みや遺構が失われるという事態も発生し，都市景観にも劇的な変化がもたらされつつある。

このような状況に対して，都市環境の物理的なあり方に関わる職能に求められる役割は，様々な要因が絡み合った複雑な相互関係のもとで，相反する利益とその受益者の関係を調停しつつ，多様な価値観を反映することのできる最適解を都市の空間像として提示することになるであろう。このことは，近代都市の建設に関わってきた職能に期待されてきたミッションとその背後にある倫理観，さらには具体的な行動規範のようなものが，大きく変化せざるをえないことを意味している。以下では，このような変化を前提とした職能のあり方について，いくつかの異なる視点から日本における展望を試みることにする。

2. 近代都市の建設を支えた職能観

本論に先だって，日本における近代的な都市建設を支えた職能のありようを簡潔にレビューすることによって，ここで述べようとしている変化の背景を示しておきたい。1950年代の半ばから始まったわが国の高度経済成長は，いうまでもなく東京を頂点とする大都市の空間的な近代化をもたらすとともに，そのことがさらなる成長の基盤として機能するという相乗効果を期待できるものであった。郊外開発と海域の埋立てによる都市的な土地利用の面的拡大，経済活動の効率を求めて高密度に集積する市街地の建築物群，大量の物流と人の高速移動を支える交通インフラ，ふくれあがる都市人口を収容することができるだけの住宅供給など，いずれもそれまでの日本の伝統的な都市の規模やしくみをはるかに凌駕する空間と時間のスケールのもとで達成することを要請されていたものである。そのために提案された一つの典型的な事例を示してみよう。

ここに掲げたのは，20世紀後半の日本の建築や都市に偉大な足跡を残した建築家・丹下健三が，1961年に発表した「東京計画1960」に所収の模型写真である[注2)]。丹下らは，関東大震災による被災や第二次世界大戦の戦禍を経た後も，依然として皇居（旧江戸城）を中心とする中世以来の求心的な放射状の都市構造を維持したままの東京では，高度経済成長に伴う急激な人口増加と経済活動の効率的な展開に対応することがで

図８－１　「東京計画1960」（写真：株式会社丹下都市建築設計　撮影：川澄明男）

きないと考えていた。彼らの代替的な提案は，都心から東京湾を横断して，房総半島内房地域の木更津にまで達する巨大な都市軸とそこから派生するいくつもの直交軸にぶらさがるクラスターに，数多くの建築が群生する開放的な都市構造である。実際にこの構造を支えていたのは，都市と建築を有機的に統合する新しい交通システムであったり，垂直方向の人の移動と様々な設備系統を統合したユーティリティシャフトと建築ボリュームをダイレクトにつなぐ構造的なしくみであったりする。いずれも，大規模な構造物を建設する技術とそれを支える工業技術の大胆な適用を前提とする提案であった。

この後，「東京計画1960」に参加した建築家を中心として，「メタボリズム」と呼ばれる建築・都市計画運動が展開されることになる。この運動は，それまでの近代建築が目指した固定的な機能を実現するための機械的なモデルでは，急速に成長し続ける近代都市の空間需要には応えられないと考えた。それに代わるものとして，生命体が細胞や器官の新陳代謝を繰り返すことによって持続するアナロジーを建築と都市にあてはめようとした。すなわち，生活や生産に必要な空間をユニット化し，それらが老朽化し機能が適合しなくなると，ユニットごと新しいものに取り替えることによって，都市の成長や変化に対応することをめざしたのである。全体のシステムは，有機的な生命体として都市や建築をとらえる視点に基づくものであったが，都市のスケールでみれば，新陳代謝を前提としたそれぞれのユニットは巨大化することが避けられない。いきおいメタボリズムの都市モデルは，メガストラクチャーによって特徴づけられることになった。そして，そのモデルに現実味を与えたのは，近代科学を基礎とした工業技術と建設技術にほかならない。しかしこのモデルが大量生産・大量消費を前提としていることは，後になって様々な問題をなげかけることになる。

このように，日本の高度経済成長期の都市と，都市を構成する建築やインフラの建設を支えた職能は，めざましい発展をとげつつあった近代工業技術への礼賛と同時にその可能性に実直に向き合い，空間構築や環境形成の革新的な建設技術の考案と応用にひたすら邁進するという性格を有していた。そこでは，科学技術の発展によって高い効率性と安全性，快適性をもたらす建築と都市の環境を創出するミッションを遂行するという職能観が，広く共有されていたということができるであろう。一方においてこの職能観は，丹下を頂点とするカリスマ的な存在感を放つ一部の建築家や都市計画家によってリードされていたことも事実であり，その強力なリーダーシップと影響力があってこそ，それまでにはなかったような，広範な社会的支持を得ることができたはずである。むろん，いうまでもなくその背景にある価値観は，この時代の社会のあらゆる側面において共通していた。その意味において，都市環境の物理的なあり方に関わる職能の存在意義もまた，直面する課題に真摯に向き合うことによって社会的な要請に応えるという使命感に基づくものであったはずである。

3. 変化する職能観と社会的責任

20世紀後半の高度経済成長は，大量生産と大量消費を前提としてなりたつものであったため，社会と環境の両面において，様々なひずみが生まれていた。ただ，経済成長と軌を一にする技術革新がすすむ過程においては，急激な人口増加と大規模かつ高密度な都市化の進展がもたらす環境へのネガティブな影響は，いずれ技術的に解決されうる課題として楽観視されていたきらいがある。実際のところ，この時代に顕在化した大気，水，土壌等の環境汚染や自然環境の破壊は，直接の利害関係にある一部の人々を除いては，それを補ってあまりある経済成長がもたらす物質的な豊かさにかき消されているかのように感じられていたであろう。都市環境の物理的なあり方に関わる職能においても，これらを自らが対処すべき喫緊の課題と捉えていた専門家はさほど多くはなかったはずである。

しかし，経済成長の鈍化がみえはじめる1980年代から，状況は徐々に変化しはじめる。様々な環境問題や都市開発の過程の公正さにさしはさまれた疑義などがもたらす外部不経済を無視することができなくなった結果，開発と保全のバランスを重視する価値観が台頭することによって，職能観や倫理観にも微妙な変化がみられるようになった。建築や都市計画等の分野をみるならば，たとえば伝統的な街並みの保存（図８－２）やそこから得られる様々な価値を掘り起こす一連の作業に，その一端をみることができる。ポストモダニズムと呼応するように欧米で台頭し始めたニューアーバニズムにもその傾向が顕著に認められるであろう。これらは，伝統的な都市の構造を継承しつつ，大規模な公共投資による都

図 8－2　保存の対象となった歴史的街並み
（名古屋市有松地区）

市圏の拡大や再開発を抑制する一方で，既存の環境資源の保全と再生を基調としつつ可能な限りコンパクト化をめざす方向性をもつ。言い換えれば，それまでのメタボリズムの都市モデルとは対極的な位置にあると言ってよいであろう。ただ，この段階においてはまだ，急速な都市開発の副作用はローカルなスケールにおける影響にとどまっていると認識されていたため，やはり，いずれは技術的な解決が可能なものであるとされていたようである。

ところが，20世紀最後の10年間に著しく発達した情報技術によって，経済活動が国や地域の境界を超えてグローバルに展開されるようになり，先進国と新興国の格差が縮まるに至って状況は一変した。特に新興国における著しい人口増加と経済成長による温室効果ガスの爆発的な排出量増加は，地球温暖化と気候変動の引き金となっていることが確実視されている。環境問題は，もはやローカルな空間と時間のスケールで解決可能なものではなくなりつつあったのである。また，豊かな生活のための物質的な消費の拡大は，様々な廃棄物を大量に環境に放出することになったが，それらの中には，当然のことながら都市開発や建設行為に伴って発生する大量の廃棄物も含まれる。

1992年にブラジルのリオデジャネイロで開催された「開発と環境に関する国際連合会議」において採択された「アジェンダ21」では，21世紀に向け持続可能な開発を実現するために各国および関係国際機関が実行すべき行動計画が明記された。さらにその後10年間隔で開催された「持続可能な開発に関する世界首脳会」（地球サミット）では，2002年の南アフリカのヨハネスブルグ，2012年に再びリオデジャネイロにおいて，地球環境問題に対する国際社会の取り組みが喫緊の課題であることが繰り返し謳われてきた。本章の冒頭で言及したSDGsの前身にあたる「ミレニアム開発目標」（略称MDGs，2000年）においても，開発分野における国際社会共通の目標が設定され，社会と環境における人間の安全保障の実現にむけた行動規範が明示されている。SDGsはその取り組みを継承し，持続可能性（sustainability）というキーワードを前面に押し出すかたちで採択されたものにほかならない。

このようなグローバルな課題に加えて，日本の場合には将来的な人口の減少傾向が長期にわたって続くことが明らかとなり，高度経済成長期に大都市圏を中心に外縁的に拡大を続けた郊外都市の縮退が，かなりの現実味を伴って語られるようになった。地方に目をやれば状況はさらに深刻で，コミュニティの維持が困難な限界集落の発生は，今世紀にはいってこのかた，すでに現実のものとなってしまった。これらの都市や地域では，これまで整備されてきた道路や上下水道，各種交通機関等の都市インフラの多くが，構造や設備の更新期にさしかかっている。また，頻発する自然災害に対する備えを，「国土強靱化」の名の下に進めるためのハードな防災施設の整備も急がれている。しかし長期的な費用対効果の観点から，その経済的コストを誰がどのように負担していくことが適正であるのか，その方針が明確になっていないだけではなく，そのための合意形成のプロセスもはっきりしない状態であるように思われる。物理的な環境の持続可能性に加えて，社会的な環境の持続可能性が脅かされる事態が差し迫ってきている状態なのである。

建築，土木，都市計画，ランドスケープ等，都市環境の物理的なあり方に直接関わる分野では，このような課題に直面することによって，その職能観のかなりの部分を自らの意思で変えていかなければならないことを自認し始めたようである。高度経済成長期のように，それぞれの分野において近代の科学技術と工業技術，それらに裏打ちされた建設技術を駆使し，個々にパフォーマンスを追求することを職能の第一義とする価値観だけに固執しているわけにはいかないということだ。異なる専門的職能が連携することによって相互補完的で相乗効果を期待しうる関係を構築し，様々な要因が絡まりあった複合的な課題を解きほぐしながら，最適な解決策を的確にうちだしていくことが求められる。そこでは単に「建設する」ということだけではない職能像への展望が見え始めていた。

4. コラボレーションの必然

都市の物理的な環境のあり方に関わる様々な職能分野が連携して，一つもしくは関係する複数の事業にとりくむ状態は，一般にコラボレーション（協働）と呼ばれる。むろん，近代以降の建設事業に関わる職能，たとえば建築であれば，意匠的な部分を担当する建築家だけでは建物は建てられない。建築の強度や耐震性を技術的に保証する構造設計，温度や光，空気調和など建築の環境を技術的に保証する設備設計の専門技術者とのコラボレーションが必要であり，そのことは近代建築の初期から変わることはない。ただし従来は，計画と意匠を担当する狭義の建築家がリーダーシップを掌握しており，他の専門分野は，どちらかといえばサポート的な立場で建築家に従属する関係がはっきりしていた。しかし，現代において求められるようになったのは，さらに広範な分野とのコラボレーションであり，協働者相互の関係におけるパワーバランスの変化である。具体的には，都市計画や都市インフラを担当する土木技術，景観形成や自然環境との関係を担当するランドスケープアーキテクトなどとの対等な協働関係が構築されることである。この点については，具体的な事業のプロセスを紹介することによって，より理解が深まると思われる。

図8－3は，筆者が実際のマスタープランナー，ランドスケープアーキテクトとして関わった事業のひとつ，富山県黒部市内に建設された集合住宅地の一部である。この集合住宅地の開発事業は，住宅建築自体のエネルギー効率を高めること，風や水，太陽光などの自然エネルギーを最大限に活かすこと，バイオマス等の再生可能エネルギーを活用するこ

図8－3　パッシブタウン黒部第1期街区
（富山県黒部市）

とを通じて，エネルギー消費の総量だけでなく，電力エネルギーへの依存度も併せて大幅に低減することが目標であった。低炭素社会の実現というグローバルな環境問題，電力エネルギーへの依存度低減という国内的な課題，さらには地方都市における人口減少に歯止めをかけるための良質な住環境の提供というローカルな課題等に対して，明快な解決策を示そうというものであった。このような複合的な課題へのアプローチの仕方として，多様な職能分野から参加する専門家の対等な関係に基づくコラボレーションが実践されたのである。もう少し詳しくみてみよう。

住宅建築自体のエネルギー効率を向上させるためには，ヒートロスを抑える建築躯体の構造やサッシュと窓などの環境性能を高めるとともに，空調・電気設備の設計に新たな技術を取り入れることなどが行われる。これだけであれば，従来の建築技術で対応が可能である。加えてこの事業では，敷地が立地する黒部川扇状地の自然環境を全面的に活用することを目指した。とりわけ，この地方で「あいの風」と呼ばれる夏季の冷涼な卓越風を室内に取り入れること，扇状地の豊かな水資源（地上・地下）を利用すること，さらには冬季の太陽光エネルギーを建築躯体の蓄熱に活かすことなどが強く意識されている。このような計画と設計を実現するうえでは，敷地の内外の環境条件を勘案した住宅建築の配置計画や住戸平面計画，屋外空間のあり方がきわめて重要な役割をはたすことは容易に想像できるであろう。したがって，計画設計プロセスの初期の段階から，建築家，設備設計者，ランドスケープアーキテクト等がひとつのチームを構成し，緊密な連携がはかられた。また，建築環境に関わる研究者の参加による，客観的なエネルギー指標を用いたシミュレーションも実施されている。そして最も重要なことは，このプロセスに参加した専門的職能を代表する設計者や研究者が，ほぼ対等な関係においてチームとしての業務を実施したことである。変化してきたそれぞれの職能観もまた，このプロセスを促進するうえで有効に作用したと言えるであろう。

この事業の名称に「パッシブタウン」という語が用いられていることも，ある意味において象徴的である。近代の都市建設に関わる行為は，おしなべて「アクティブ」なものであった。つまり，土地や自然に対してアクティブにふるまうことによって，環境を積極的かつ一方的に改変し，人間にとって快適で効率的な空間を創出してきたわけである。これに対して，パッシブ＝受動的にふるまうということは，環境に対して一旦は中立な態度をとる段階を経るということである。中立であるからこそ，建設することに対する絶対的な価値観から解放される可能性がうまれる。ここにおいて中立とは，土地や環境が発する声に耳を傾けるということであり，自然に対する謙虚なふるまいを意味する。結果として，保全されるもの，再生されるもの，創造されるもののバランスが最適化された状態の環境や空間がたち現われるであろう。都市の物理的な環境のあり方に関わる様々な職能が，このような倫理観に基づいた行動規範を持つことによって，コラボレーションは必然のものとなっていくはずである。

5. インクルーシブなプロセス

コラボレーションとともに，都市環境のあり方全般に関わる様々な職能のあいだで，昨今，特に意識され始めていることのひとつに，インクルーシブなプロセスというものがある。キーワードのインクルーシブ（inclusive）は，文字通り包括的という意味であり，ここでは都市環境のあり方に関わる意思決定のプロセスに，直接間接の利害関係が発生する多様な主体をすべて含めることができる状態を想定している。利害関係のある多様な主体といえば，まず高齢者や障害者，子供などの社会的弱者をあげることができるが，最近ではここに外国人を含める考え方が一般化してきた。

むろん，これらの弱者に対しては，従来からのバリアフリーやユニバーサルデザインについての配慮は当たり前になっており，さらにはそれらを総合的にとらえたノーマライゼーションの概念についての理解も深まっている。また，それらをふまえた物理的，社会的な実装の成果も，今日では都市空間の随所にみることができるであろう。しかしこれらは，第一義的に日本人の健常者を想定したプロセスを経て整備されているものをベースに，その埒外におかれた人々に対する特別の配慮をすることによって創出されているものである。言い換えれば，意思決定のプロセスの後半部分において追加されるもの，さらに誤解を恐れずに言えば，上からの目線の先に想定されているものだとも言えそうだ。これに対してインクルーシブなプロセスとは，従来は特別な配慮が必要であると認識されていた利害関係者に，最も初期の段階からの直接の参加を求めることによって，健常者や日本人だけでは着想できる可能性がなかった新しい価値を見いだそうとするものである。

それでは，このようなインクルーシブなプロセスが実効的なものとなるためには，具体的にはどのような方法が必要になるであろうか。都市の物理的な環境の形成や管理に関わる利害関係者が，様々な意思決定に直接参加する手法としては，日本国内でもすでに1980年代から各地での実例がみられる住民の直接参加によるまちづくりが，その典型的なものであることは論を待たない。行政が主導権を握る従来のトップダウンの都市計画に，直接の利害関係者である住民からのボトムアップのまちづくりが対峙することによって，両者のバランスのうえに最適化された都市や住環境のあり方を提示することができる機運がうまれる。この場合の直接の利害関係者には，一般的な市民の他に社会的弱者やマイノリティが含まれてしかるべきである。こうした住民参加のまちづくりは，従来は既存の都市環境に対するネガティブな影響が予想される事業等への不安が直接の動機になることが多かった。都市の空間や環境の改変を伴う様々な事業への反対運動である。しかし，大都市圏の一部地域を除いて，人口の減少や少子高齢化，地域の活力低下，防災や減災等への懸念が共通の課題となりつつある現在，都市環境の改変がもたらすネガティブな影響を排除すること以上に，持続可能な都市環境の創造にむけたよりポジティブな可能性を追求しようとする態度が目立ち始めている。

このようなインクルーシブなプロセスに実態を与える機会としては，一般的にワークショップとよばれるグループワークを通じた意見集約と合意形成の過程がよく知られている。この科目を履修している皆さんの中にも，様々なワークショップに参加した経験がある方が少なからずおられるのではないか。ワークショップそのものの対象となる事業，参加する利害関係者，意見集約と合意形成の方法は多様なものであるが，そ

図 8－4　筆者が関わったまちづくりワークショップの様子（千葉県松戸市）

の実効性を高めるために求められるのは，事業の初期の段階から多様な利害関係者を巻き込む機会を確保し，それを継続していくことである。さらにより重要なことは，一連のワークショップが終了した後も，参加者が様々な事業に主体的に参加し続けるきっかけが与えられるということであろう。もとより，都市の物理的な環境のあり方に関わる事業やまちづくりはエンドレスに続くプロセスである。その担い手がワークショップを通じて育つことが，近年では最も期待されていることになっている。ワークショップを通じて参加した個人やグループに蓄積された経験値は，各地で組織されつつある地域自治組織[注3)]が有効に機能するために必要不可欠なものであろう。さらに一歩すすめて考えるならば，いわゆるエリアマネジメント[注4)]による都市空間の保全・再生・創造に関わる事業を主体的に推進する担い手が，このようなインクルーシブなプロセスを通じて見いだされ，経験を蓄積し，リーダーシップを発揮していくことが期待されている。

6. 多様化する職能像

コラボレーションやインクルーシブなプロセスが，今後の都市環境の物理的なあり方を考えるうえで欠くことのできない要件となりつつある現在，都市空間のハードな側面に関わってきた代表的な職能である建築，土木，都市計画，ランドスケープ等の分野では，その職能観そのものが大きく変貌しつつあるように思われる。変化，変貌というよりは，進化と呼ぶほうがふさわしく感じるこの現象は，エンジニアリング（工学）として位置づけられてきたこれらの分野の，職能観とその背景にある倫理観について，本質的なパラダイム転換が起こりつつあることを示唆するものであろう。

近代都市の構築においてこれらの職能が担うべき役割の第一義は，

「建設する」ことそのものであった。新興国では今後しばらくのあいだ，この役割はかわらないであろう。しかしこれまで述べてきたように，日本のように，ある意味では成熟した社会が避けて通ることのできない課題を抱えた国では，建設することだけではこの職能に期待されていることを達成することはできなくなりつつある。特に計画や設計を担当する部分についてはなおさらである。建設後の施設や空間の継続的な運営，維持管理のあり方にまでふみこんだ提案をすることが期待されている。つまりは都市の物理的環境のあり方をマネジメントする役割，あるいは様々な利害関係の調整が可能となる空間や環境の実像を提案する役割である。

都市環境の物理的なあり方に関わる職能は，近現代の科学技術に裏打ちされた建設技術を基礎とするものであることはかわらないとしても，それに加えて，環境を保全し管理する技術，合意形成のプロセスに関与できる技術を持ち合わせることが求められている。もちろん，そこまで多様化した職能を一人の人格がカバーすることは到底不可能なことであるから，チームとしての取り組みは不可欠になるであろう。その中で，各人がどのように振る舞い，チームとしてのパフォーマンスを高めていけるかが問われている。そのためには職能観とそれが依ってたつ倫理観の進化が求められることは言うまでもない。

〉〉注

注１）SDGsに関する基礎知識についてはすでに多数の書籍等が日本語でも出版されているが，それらの基本となる考え方は国連のウェブサイトを参照することによって確認することができる。
https://sustainabledevelopment.un.org

注２）『新建築』1961年３月号，「東京計画1960・その構造改革の提案」，東京大学丹下健三研究室，新建築社より。

注３）基礎自治体における一定の区域を単位とし，住民自治の強化や行政と住民との協働の推進などを目的とする組織。特に都市環境の物理的・社会的なあり方については，まちづくり協議会として組織されることが多い。
注４）地域における良好な環境や地域の価値を維持・向上させるための，住民・事業主・地権者等による主体的な取組みのことで，一定のエリアを単位に，民間が主体となってまちづくりや地域経営（マネジメント）を積極的に行うもの。

《学習のヒント》

1．自分が暮らす都市や地域の物理的な環境が，どのような専門的な職能によって構築されているのか，具体的な場所や建物に着目して調べてみよう。
2．自分の住まいや職場のある地域のまちづくりに自らが主体的に関わるとしたら，どのような役割を担うことができるのか考えてみよう。

参考文献

東京大学丹下健三研究室（1960年）「東京計画1960・その構造改革の提案」，『新建築』1961年３月号
西村幸夫（2004年）『都市保全計画―歴史・文化・自然を活かしたまちづくり』，東京大学出版会
松原隆一郎（2002年）『失われた景観』，PHP 研究所
朝日新聞社地球サミット取材班（1992年）『「地球サミット」ハンドブック』，朝日新聞社
田中治彦編（2016年）『SDGs と開発教育：持続可能な開発目標のための学び』，学文社
a+u 2018年４月別冊『パッシブタウン』，エー・アンド・ユー
ジュリアカセム・平井康幸・塩瀬隆之・森下静香編著（2014年）『インクルーシブデザイン：社会の課題を解決する参加型デザイン』，学芸出版社
エリアマネジメント推進マニュアル検討会（2008年）『街を育てる―エリアマネジメント推進マニュアル』，コム・ブレイン

9 市場活動の前提(1)　知的財産と倫理

児玉晴男

《学習の目標》 企業活動や技術開発によって産み出される知的資産は，知的財産法のもとに創造・保護・活用され，倫理規定のもとにすすめられる関係が見いだせる。本章は，企業活動や技術開発に伴って生じる知的財産と倫理との関わりについて考える。
《キーワード》 倫理綱領，プライバシー，知的財産権，企業秘密，安全保障

1. はじめに

企業活動や技術開発の各種場面において，知的財産との関わりがある。ビジネスにおいてはブランド戦略があり，産業においてはコンテンツ制作や特許・デザインなどがあり，それらは企業秘密とも関わりをもっている。知的財産は，著作物や発明，そして営業秘密などとして知的財産法で保護される対象である。ただし，知的財産法は，一つの法律ではなく，著作権法，産業財産権法，不正競争防止法などで体系化される。

知的財産は，知的財産法の各個別法で保護されるが，知的財産基本法でも定義される。知的財産基本法は，知的財産の創造，保護および活用に関し，基本理念およびその実現を図るために基本となる事項を定める。そのために，本法は，国，地方公共団体，大学等および事業者の責務を明らかにして，知的創造活動を促すことになる。また，知的財産基本法は，「知的財産の創造・保護・活用に関する推進計画」（知的財産推進計画）の作成について定めるとともに，知的財産戦略本部を設置するとし

ている。

知的財産推進計画2019は，これまでの知財戦略である知的創造サイクルを指向するものから，2030年頃を見据えた知財戦略として価値デザイン社会の実現へ展開している。価値デザイン社会の実現とは，適切な権利保護により，創作活動を促し，利益を上げて，国富・経済的価値を増大することから，「脱平均」の発想で個々の主体を強化し，チャレンジを促し，分散した多様な個性の「融合」を通じた新結合を加速し，「共感」を通じて価値が実現しやすい環境を作ることを指向するものである。

企業活動や技術開発において，知的財産権の管理は，知的財産権の保護と制限との均衡によるオープン＆クローズ戦略によりすすめられる。オープン＆クローズ戦略とは，技術などを秘匿または特許権などの独占的排他権を実施するクローズ・モデルの知財戦略に加え，他社に公開またはライセンスを行うオープン・モデルの知財戦略を取り入れ，自社利益拡大のための戦略的な選択を行うことが重要になるとするものである。企業活動や技術開発において，オープン＆クローズ戦略や営業秘密管理など総合的な知的財産の保護・活用戦略の推進が必要になっている。知

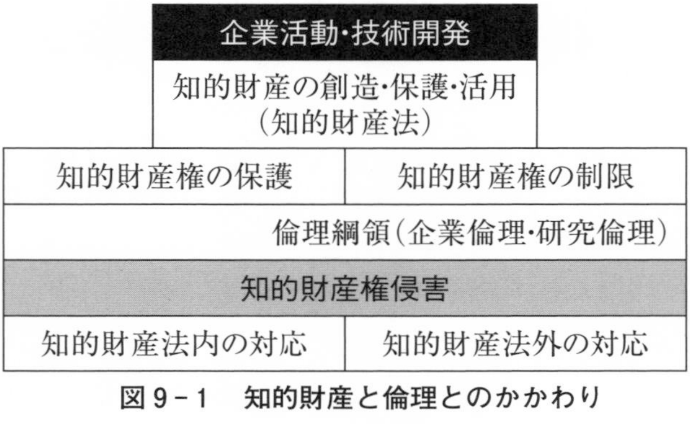

企業活動・技術開発
知的財産の創造・保護・活用
（知的財産法）
知的財産権の保護 | 知的財産権の制限
倫理綱領（企業倫理・研究倫理）
知的財産権侵害
知的財産法内の対応 | 知的財産法外の対応

図９－１　知的財産と倫理とのかかわり

的資産が合理的に創造され保護され活用されるためには，倫理の涵養が求められる。企業活動や技術開発は自由な発想が求められるが，そこには知的財産権の制限が関わりをもち，その中で倫理が求められてくる。その関係は，倫理綱領の中に見いだせる。また，企業活動や技術開発における知的財産権管理の中で，知的財産権侵害が問われるとき，知的財産法の枠内と知的財産法の枠外の対応が必要になってくる。

2．知的資産

企業活動や技術開発において産み出される知的資産には，著作物と発明があるが，それらの性質を具有するソフトウェアがある。そして，デジタル環境におけるコンテンツがある。また，著作物は公表され，発明は公開されて保護されるが，非公表・非公開で保護される営業秘密がある。さらに，それらを含む情報がある。

(1)　知的財産

知的財産基本法では，知的財産と知的財産権の定義がある。知的財産とは，発明，考案，植物の新品種，意匠，著作物その他の人間の創造的活動により生み出されるもの，商標，商号その他事業活動に用いられる商品又は役務を表示するもの及び営業秘密その他の事業活動に有用な技術上又は営業上の情報をいう（知的財産基本法２条１項)。その他の人間の創造的活動により生み出されるものには，発見又は解明がされた自然の法則又は現象であって，産業上の利用可能性があるものが含まれる。その中には，AI 創作物があろう。そして，知的財産権とは，特許権，実用新案権，育成者権，意匠権，著作権，商標権その他の知的財産に関して法令により定められた権利又は法律上保護される利益に係る権利をいう（同法２条２項)。

我が国では，発明は特許権として保護され，特許法で規定される。考案は実用新案権として保護され，実用新案法で規定される。デザイン（意匠）は意匠権として保護され，意匠法で規定される。ただし，発明と考案および意匠の創作の保護のしくみは，国によって異なる。また，植物の新品種は，育成者権として保護され，種苗法で規定される。商標，商号その他事業活動に用いられる商品又は役務を表示するものは，商標権として保護され，商標法で規定される。営業秘密その他の事業活動に有用な技術上又は営業上の情報は，不正競争防止法で保護される。なお，知的財産基本法では著作物が著作権となっているが，著作権法では著作物と実演・レコード・放送・有線放送が著作者の権利とそれに隣接する権利で保護されている。

（2） コンテンツ

知的財産基本法の理念に基づく「コンテンツの創造，保護及び活用の促進に関する法律」（以下，「コンテンツ基本法」と略記）では，コンテンツが定義されている。コンテンツとは，映画，音楽，演劇，文芸，写真，漫画，アニメーション，コンピュータゲームその他の文字，図形，色彩，音声，動作若しくは映像若しくはこれらを組み合わせたもの又はこれらに係る情報を電子計算機を介して提供するためのプログラムであって，人間の創造的活動により生み出されるもののうち，教養又は娯楽の範囲に属するものをいう（コンテンツ基本法２条１項）。プログラムは，電子計算機に対する指令であって，一の結果を得ることができるように組み合わせたものをいう。

コンテンツは著作物として著作権法で保護される対象である。著作物の例示には，小説，脚本，論文，講演その他の言語の著作物，音楽の著作物，舞踊または無言劇の著作物，絵画，版画，彫刻その他の美術の著作物，建築の著作物，地図または学術的な性質を有する図面，図表，模型その他の図形の著作物，映画の著作物，写真の著作物，プログラムの著作物がある。コンテンツは，著作権法で保護される著作物の例示の各パターンを包含し，役割分担が明確な構造を有している。このコンテンツは，既存のメディアで存在する著作物をデジタル化することにより形成されるもの，最初からデジタル形成されるものの二つの態様からなる。ただし，コンテンツは，著作権だけでなく，知的財産権の管理の対象になる（コンテンツ基本法2条2項3号）。

（3） 情　報

情報は，無体物である。民法において，「物」とは，有体物をさす。有体物とは，無体物に対する概念として，空間の一部を占めるものを意味する。民法上，電気は，有体物ではないと解釈されている。他方，刑法では，電気窃盗などを処罰する必要があり，「電気は，財物とみなす」と規定している。無体物のとらえ方は，法律によって異なっている。無体物の情報のとらえ方も，法律によって異なる。製造物責任法の立法の過程で情報（著作物）の取り扱いが議論されたが，情報（著作物）は製造物責任の対象とされていない。情報は，知的財産との関連で情報財ととらえられ，著作物，発明，そして営業秘密などになる。営業秘密は，法人情報や企業秘密とも関連する。情報財は，保護される対象であるとともに，公正な利用のもとに，文化の発展または産業の発達への寄与がうたわれている。しかし，情報財の創造活動に関しては，技術流出などが認められれば，いわゆる産業スパイ条項の適用がありうる。情報財のダウンロードは，私的使用のための複製であっても，複製しようとする情報財に不正があることを承知して行うことは罰則規定が適用される。

3. 倫理綱領

知的資産が合理的に創造され保護され活用されるためには，倫理の涵養が求められる。企業活動や技術開発は自由な発想が求められるが，そこには知的財産権の制限が関わりをもち，その中で倫理が求められてくる。倫理綱領とその中の知的財産権に関連する事項に焦点を当てて，企業活動や技術開発の観点から考える。

(1) 倫　理

倫理（ethics），道徳（morality）は，規範や道徳的な根拠をいう。倫理に関して，西洋ではエチカが想起され，東洋では論語が根底にあろう。そして，我が国の和辻倫理学では，仏教思想，儒教思想，神道思想，国学から物語や民話までを対象とする。すなわち，倫理感には，多様性がある。したがって，企業倫理は，法令遵守（コンプライアンス）がいわれ，人権保護などの観点から倫理綱領や行動指針で規定されるが，各国の社会文化的な多様性の持続の観点も考慮することが大切である。

研究倫理では，学協会に倫理綱領がある。電子情報通信学会倫理綱領は，他者の権利には，所有の権利，プライバシーの権利等を含む。情報処理学会倫理綱領は，他者の人格とプライバシーを尊重し，他者の知的財産権と知的成果を尊重し，情報システムや通信ネットワークの運用規則を遵守し，社会における文化の多様性に配慮すると明記する。電気学会倫理綱領は，持続可能な社会の構築を目指して，他者の生命，財産，名誉，プライバシーを尊重し，他者の知的財産権と知的成果を尊重するとある。

上記の中で対象となる人権の保護，プライバシーの確保，そして知的財産権との関係から，知的財産と倫理について考える。

(2) プライバシー

情報通信技術の飛躍的な進展は，多種多様かつ膨大なデータ，いわゆるビッグデータの収集・分析を可能とし，新産業・新サービスの創出や我が国を取り巻く諸課題の解決に大きく貢献するなど，これからの我が国発のイノベーション創出に寄与するものと期待されている。ビッグデータにパーソナルデータが含まれるときの対応が必要になり，個人情報保護法の改正により，匿名加工情報の規定を設け，パーソナルデータの利活用をはかっている。

パーソナルデータはプライバシーと関わりがある。プライバシーの意味には，変遷がある。それは，「ひとりにしておかれる権利」(right to be let alone),「自己に関する情報の流れをコントロールする権利」(individual's right to control the circulation of information relating to oneself)，さらに「忘れられる権利」(right to be forgotten) になっている。ただし，「ひとりにしておかれる権利」が「自己に関する情報の流れをコントロールする権利」にとってかわり，さらに「自己に関する情報の流れをコントロールする権利」が「忘れられる権利」にとってかわられるということではない。プライバシーの要素として，「ひとりにしておかれること」,「自己に関する情報の流れをコントロールすること」，そして「忘れられること」という要素を含んでいて，条件によってそれらの内容が変わりうるものといえる。

プライバシーの保護に関しても多様な対応が求められ，情報の自由な流れと人権・人格権・プライバシー保護という競合する価値の調和が必要になる。また，顧客情報である個人情報は，人格的価値とともに営業秘密として経済的価値を有しており，知的財産権との関わりからの対応も必要になっている。

(3) 知的財産権

世界人権宣言では，創作者（author）であるすべての人は，科学的（scientific），文学的（literary）または美術的（artistic）な成果物（production）から生ずる精神的（moral）および物質的（material）な利益を保護される権利をもつ（世界人権宣言27条2項）。そして，世界人権宣言27条2項に対応する国際人権規約（A規約）の15条1(c)を具体的に保障する対象が，著作権と工業所有権（産業財産権）であり，それぞれ「1886年の文学的及び美術的著作物の保護に関するベルヌ条約」と「1883年の工業所有権に関するパリ同盟条約」になる。世界人権宣言27条の主体と客体の実質的な意味は，発明者（inventor）・発明（invention）と著作者（author）・著作物（literary，scientific and artistic work）の関係になっている。

(a) 著作権と関連権

著作権の保護は，表現の有形媒体への固定の有無でそれぞれ関係づけられる。この表現の媒体固定の有無は，米連邦著作権法のように媒体固定を要件におく法制（17 USC§102(a)）と，我が国の著作権法のように固定を要しない法制をとるものとに対応づけられる。そして，コンテンツ基本法では著作権（知的財産権）を対象にし，著作権等管理事業法では著作権と著作隣接権を対象にしている。しかし，著作権法では著作者の権利とそれに隣接する権利（著作権と関連権）を対象にし，著作権と関連権は，著作者人格権，著作権，出版権，実演家人格権，著作隣接権の五つになる。

企業活動や技術開発において，職務上作成する著作物の著作者（著作権法15条），すなわち職務著作の著作者は法人も自然人と同様に著作者の権利（著作者人格権，著作権）を享有できる。ここで，想定される法人は，映画製作者，放送事業者，ソフトウェア開発会社などになり，放送大学学園も含まれる。

著作権の制限規定に，情報ネットワークとウェブ環境の著作物の使用に関して，フェアユース（公正使用）の導入がなされている。ここで，著作者の権利として著作物が保護される法理において著作権の制限を設けることと，米国憲法修正第１条の例外として著作権（copyright）が書かれたもの（writings）に限定して認める法理の中でフェアユースが認められることとは，前提が本質的に異なっていることを認識しておく必要がある。そして，著作権の制限だけでなく，著作者人格権，出版権，実演家人格権，著作隣接権の制限も考慮する必要がある。

(b) 産業財産権

産業財産権の保護の対象は，特許権，実用新案権，意匠権，そして商標権をいう。また，特許権，実用新案権，意匠権の専用実施権，商標権の専用使用権も，産業財産権侵害に対して，保護の対象になる。

企業活動や技術開発において，職務発明規定が関わりをもつ。職務発明規定は，二つのパターンになる。第一のパターンは，職務発明に関して，「使用者，法人，国または地方公共団体（使用者等）は，従業者，法人の役員，国家公務員または地方公務員（従業者等）の特許権について通常実施権を有する」（特許法35条１項）になる。ただし，それは，使用者等の業務範囲に属し，かつ，その発明をするに至った行為がその使用者等における従業者等の現在または過去の職務に属する発明（職務発明）について特許を受けたとき，または職務発明について特許を受ける権利を承継した者がその発明について特許を受けたときの特許権に関するものになる。また，従業者等がした発明については，その発明が職務発明である場合は，使用者等のため仮専用実施権もしくは専用実施権を設定することができる（同法35条２項の反対解釈)。使用者等は，職務発明において，特許権者，専用実施権者および通常実施権者として，特許権または専用実施権もしくは通常実施権が帰属することになる。第二のパターンは，創作者がした職務発明については，「その特許を受ける権利は，その発生した時からその使用者等（法人等）に帰属しうる」（同法35条３項）ことになる。

産業財産権の制限は，試験研究があり，我が国が先に特許庁に出願した者を保護する先願主義をとっていることに対して，先に発明した者を保護する先発明主義との調整になる先使用による通常実施権などがある。

(c) 著作権と関連権および産業財産権との交差

産業財産権は，方式主義（先願主義）により，特許庁に出願し，審査を経て登録されなければ発生しない。それは，著作者の権利と実演家人格権および著作隣接権が創作または実演・音の固定・放送・有線放送されると発生する無方式主義とは異なっている。そして，職務発明規定と職務著作規定とは，異なっている。また，産業の発達の観点からの試験研究に産業財産権の制限を設ける点で，文化の発展の観点による著作権の制限と異なるが，著作権の制限の中にはIT，ICTの開発を目的としたものが散見される。

著作物と発明等と商標は利用関係が想定され，著作権と関連権および産業財産権は抵触関係にある。情報ネットワークとウェブ環境において著作権・産業財産権保護が交差するデジタルコンテンツの創造，保護，活用において，他者の創意工夫や成果のオリジナリティの尊重からいえば，財産権の面のもう一つの面である人格権にも配慮しなければならない。研究開発では，ここに，知的財産権の人格的権利の保護と制限および経済的権利の保護と制限との対応関係から解決されるべき対象といえる。

4. 知的財産権侵害

知的財産権の保護と制限との均衡から，企業活動や技術開発がすすめられる。ところが，企業活動や技術開発は，知的財産法の枠内での対応だけでなく，知的財産権侵害が他法で規制される対象となることがある。

米中貿易摩擦の知財問題の知的財産権侵害では，特許権侵害と産業スパイ行為が対象になる。ただし，プログラムに関しては著作権侵害も想定され，プログラムのソースコードでは営業秘密に関する侵害になり，知的財産の侵害も想定できる。また，技術の強制許諾は，先端技術の国外への移転が問題になっている。

米中貿易摩擦の構図は，日米貿易摩擦にも見られる。企業活動や技術開発が国家間に及ぶとき，知的財産権侵害は，知的財産法の枠内にとどまらずに，他法との関連が注視されてくる。それは，秘密特許や営業秘密の問題も含まれ，安全保障問題とも絡み知的財産法だけで解決できる問題でもない。

（1） 産業スパイ

企業活動や技術開発は，産業スパイ行為と関わりをもっている。我が国では，技術情報の不正な持ち出しなどの産業スパイ行為を取り締まる法整備は，事業者間の公正な競争およびこれに関する国際約束の的確な実施を確保するためという観点から不正競争防止法による。具体的には，会社の機密文書を窃取した従業者から，それが営業秘密であると知って，産業スパイが当該機密文書を受け取る行為等がある（不正競争防止法2条1項5号)。そして，その例としては，営業秘密を取得した後に，その営業秘密に関する産業スパイ事件が大々的に報道されて不正取得行為が介在していた事実を知りながら，営業秘密を使用または開示する行為がある（同法2条1項6号）。

（2） 安全保障

我が国においてはたとえ民生用の技術情報・製品であっても，諸外国へ移転すると，軍事用の機微技術へ転換しうる。それらには，著作物（論文）の公表や発明の実施などの知的財産が含まれる。研究機関の研究成果の知的財産管理は，研究機関の研究成果の情報管理，すなわち「外国為替及び外国貿易法」（以下，「外為法」と略称する）の機微技術管理とも関わりをもっている。外国為替，外国貿易その他の対外取引が自由に行われることは基本的な観点になる。しかし，対外取引に対し，必要最小限の管理または調整を行うことが生じる。それが安全保障貿易に係る外為法による機微技術管理になる（外為法25条1項）。いわゆる役務取引等の技術提供の形態は，技術データと技術支援になる。

（3） テロ等準備行為

知的財産権の侵害に関して，たとえ我が国において合法にある組織としても，国際共同研究等を通して諸外国の組織と連携している場合，テロ等準備罪，「組織的な犯罪の処罰及び犯罪収益の規制等に関する法律」における実行準備行為を伴う組織的犯罪集団による重大犯罪遂行の計画（6条の2）が適用されることが起こりえよう。それは，別表第三（6条の2関係）では，著作権の侵害等（著作権法119条1項，2項）の罪，特許権等の侵害（特許法196条，196条の2）の罪，実用新案権等の侵害（実用新案法56条）の罪，意匠権等の侵害（意匠法69条，69条の2）の罪，商標権等の侵害（商標法78条，78条の2）の罪，育成者権等の侵害（種苗法67条）の罪，営業秘密の不正取得等（不正競争防止法21条1項

～３項）の罪が例示されている。

知的財産権侵害は，技術開発に伴う不正問題に見られる。知的資産が個人と企業との関係から国や国際間の管理の対象になっている。それは，産業スパイ行為や学術スパイ行為，技術流出防止の管理，そしてデュアルユース問題やスパイ行為への国の対応になる。

5. まとめ

企業活動と技術開発の知的財産法と倫理綱領との関係を見てきたが，法と倫理の関係は，本来，相互に入り込むものではないが，次のような関係にある。倫理も法も「道徳規範」にかかわりをもち，倫理が内面的な規範であるのに対し法は外面的な規範であり，本人の意思にかかわらず強制されるという特色が見いだせる。

法の英訳は，Law になる。Law の意味は，「真理を追求する」になる。他方，法の異体字は（灋）である。灋の会意は，「水＋廌（タイ，一角獣（空想上の動物））＋去」である。法の異体字（灋）は「廌が真っ直ぐでない物をその角で除いて水面のように平らにして公平を保つ意味をもつ。Law と法は，異なる視点が存在する。我が国の旧家族法は道徳規範であり，シャリーア（イスラム法）は，全生活を包含する規範といえる。したがって，法と倫理は，相互補完する関係になる。

米国で1960年代に用いられたコンプライアンス（compliance）は，命令や要求に応じることを意味し，守るべき規範は法律に限らず，社会通念，倫理や道徳も含まれる。プライバシーと倫理的な問題との連携による対応は，コンプライアンスとの対応関係になろう。

法的な判断において，倫理・モラルが必要とされる事態も生じる。とくに緊急時の場合，ハードロー的な法的な基準によって情報の開示と不開示の判断にあたっての責任の所在を分散化することにより不明確化することよりも，ソフトロー的な倫理的な基準を加味した判断基準による方が適切な判断を下せよう。そのソフトロー的な倫理的な基準とは，緊急時の不都合な状況を回避しうる立場の者の判断が行えるようにすることである。

《学習のヒント》

1．国内外の倫理綱領を調べてみよう。
2．知的財産基本法とコンテンツ基本法と知的財産法との関係を調べてみよう。
3．知的財産権侵害事件，プライバシー権に関する判例を最高裁判所の判例検索システム（https://www.courts.go.jp/app/hanrei_jp/search1）を使って調べてみよう。

引用・参考文献

児玉晴男（2018）『情報・メディアと法』放送大学教育振興会

企業法学会編（2020）『先端技術・情報の企業化と法』文眞堂

児玉晴男（2020）『知財制度論』放送大学教育振興会

「知的財産推進計画2019」，https://www.kantei.go.jp/jp/singi/titeki2/kettei/chizaikeikaku20190621.pd，（2020. 6. 30アクセス）

高度情報通信ネットワーク社会推進戦略本部「パーソナルデータの利活用に関する制度改正大綱」（平成26年 6 月24日）

経済産業省貿易管理部「安全保障貿易に係る機微技術管理ガイダンス（大学・研究機関用）第三版」（2017年）

10 市場活動の前提(2) 保険契約における告知義務制度と倫理的視点

李 鳴

《目標＆ポイント》 告知義務制度は，保険契約に特有のものであり，保険者の危険選択にとって重要かつ不可欠な制度である。本章において，危険選択，告知義務の意義および告知事項を理解したうえで，事例を挙げて，倫理的視点から告知義務違反等が発生した場合の法的効果について考える。加えて，諸外国の立法例と比較して，日本の告知義務制度の特色を理解する。
《キーワード》 危険選択，告知義務，告知義務違反による解除，告知妨害，不告知教唆，解除権の阻却

1. 告知義務制度の意義[注1)]

(1) 定義

「告知義務」とは，保険契約者または被保険者は，保険契約の締結に際し，保険者から質問された事項について，ありのままに事実を告知しなければならないことをいう。告知義務は，保険契約者側に課す個人倫理上の義務でもある。告知義務に違反すると，一定の要件の下で，保険者は保険契約を解除することができる。これを告知義務違反による解除という。保険契約が解除されると，保険事故が発生した場合であっても，保険金受取人に対して保険給付がなされず，経済的保障が受けられなくなるという結果になる。

（2） 保険制度の特性

告知義務制度が設けられた意義は，保険制度の特性と関係する。保険制度は，多くの人々が保険料を出し合うことによって成り立つものである。保険者は，偶然な一定の事故によって生ずる損害をてん補し，あるいは被保険者の死亡・入院・手術等による保険契約者側の経済的な負担を保障するため，収支相等の原則および給付反対給付均等の原則[注2)]に従い，保険事故の発生率（危険率）を基礎として保険料を算定しなければならない。こうして保険料算定の基礎となるべき危険率に見合う保険料を確保しなければ，保険制度を円滑に運用できなくなる。そこで，保険者は，保険事業の健全性，契約者間の公平性を維持するために，被保険者の危険度を測定し，保険事故や給付事由の予定発生率を著しく超過すると判断される契約の申込みについては，拒絶または加入条件の変更（たとえば，割増保険料の徴収，保険金額の減額，特定部位の不担保等）により，承諾するかの判断をする。これを危険選択という。

ところが，保険者が危険選択を行なうために必要な情報，とりわけ被保険者の健康状態等の事実は構造的に保険契約者側の支配圏内に偏在し，保険者が容易に知ることはできず，単独で調査することも困難である。一方，保険契約が射倖契約であるという特質から，健康に不安のある人や危険な職業に従事している人，保険金を詐取しようとする人が進んで保険に加入する，いわゆる保険契約者側の逆選択が生じやすく，モラル・ハザード（moral hazard）ないし倫理的問題が起こり得る。

（3） 規定の趣旨

以上から分かるように，告知義務制度は，保険契約に特有のものであり，保険者の危険選択にとって重要かつ不可欠である。保険法[注3)]では，告知義務および告知義務違反による解除に関する規定は，損害保険契約，生命保険契約，傷害疾病定額保険契約の共通事項として各々の章[注4)]に置かれている（４条・28条・37条・55条・66条・84条）。その趣旨は，保険契約者側に対して誠実に事実を告知する義務を負わせ，告知義務違反の場合には契約解除によって保険契約者側の保険給付請求権の喪失という制裁的効果をもたらし，ひいては，保険事業の健全性を維持するためである。

保険業界において「入口の生保，出口の損保」（加入時の査定が厳しい生命保険会社，保険金支払時の査定が厳しい損害保険会社の意味）とよくいわれている。従来，告知義務違反等に関する倫理的問題は，生命保険契約に関して生じることが圧倒的に多い。したがって，本章においては，主に生命保険契約を中心に説明する。

2. 告知義務[注5)]

（1） 告知義務者

１－１　保険契約者または被保険者になる者　保険法37条は「保険契約者又は被保険者になる者」は，告知事項について「事実の告知をしなければならない」と定めている。これにより，告知義務者は保険契約者または被保険者（以下「保険契約者等」ということがある）になる者である。ここに「になる者」の意味は，告知義務は，保険契約の成立前に履行されることからである。

保険契約者になる者と被保険者になる者が同一である自己の生命の保険契約が多いが，両者が異なる他人の生命の保険契約の場合は，保険契約者になる者のみならず，被保険者になる者も告知義務者とされる。これは，被保険者自身が自己の健康状態や既往症等を最も良く知っているからである。一方，保険金受取人は告知義務者とはされていない。これは，保険金受取人は，契約当事者ではないこと，被保険者に関する情報を詳しく知らない場合が多いこと，および自分の知らない間に契約が締結されることもあり得るからである。

1－2　未成年者の告知　親権者が保険契約者として未成年者を被保険者とする他人の生命の保険契約を締結する場合には，原則として親権者が告知することになる。もっとも，民法では，親族法・相続法のいくつかの規定において，未成年者の意思能力を前提として行為の年齢基礎を15歳としている（民法791条３項・797条・811条２項・961条等）。保険実務上は，これを勘案して，満15歳以上の未成年者も告知義務者になる取扱いをしている。下級審裁判例もこれを認めている。

1－3　代理人による告知　代理人による告知ができるかについて，学説上，告知は法的に観念の通知で準法律行為[注6)]であり，かつ一身専属[注7)]的な性質をもつものではないと解されていることを理由に，代理人による告知義務の履行も有効なものと認めるのが一般的である。

1－4　告知義務者が複数いる場合の告知　告知義務者が複数の場合に誰が告知義務を履行すべきかについては，保険法は明示しておらず，解釈に委ねられている。学説上は，告知義務者が複数の場合には，そのうちの一人に違反の事実があれば，その責任は全員で負うこととなるが，同一事実については，代理人も含めそのうちの一人が告知義務を履行すれば足りると解されている。

保険実務上は，保険契約者になる者と被保険者になる者が別人の契約の場合には，通常，被保険者になる者が告知書を記入すべき旨が告知書に記載されている。被保険者になる者が複数の場合には，被保険者の属性が重要であるため，被保険者ごとに告知する必要がある。

（２）　告知の時期および告知の相手方

2－1　告知の時期　告知義務の履行の時期について，保険法37条は

「生命保険契約の締結に際し」としている。これにより，告知時期は保険契約締結の過程，すなわち保険契約者になる者が保険者になる者に対して保険契約の申込みを行った時から，保険者が承諾の意思表示をする時（法律上の契約成立の時点）までの間である。

生命保険の実務上，約款により保険契約の締結のほかに，復活，特約の途中付加等の際にも，新たに危険選択を行なう必要があるために告知時期が定められている。

２－２　告知の相手方　保険法37条は「保険者になる者が告知を求めたものについて」，「事実の告知をしなければならない」としていることから，告知の相手方は「保険者になる者」である。保険者の範囲につき，保険法では，「保険契約の当事者のうち，保険給付を行なう義務を負う者」（２条２号）と定義されていることから，保険会社および共済者と解すことができる（２条１号）。

告知は，前述のように準法律行為であるから，民法の法律行為に準じて告知受領権を有する者へと到達することによって効果が生じる（民法97条）。告知受領権のない者に対して告知をしても告知をしたことにならないため，告知受領権の有無に関して，問題が起きやすいところである。

生命保険の実務においては，保険者は，申込みの勧誘，申込みの意思表示の受領，申込みに対する承諾の意思決定という一連の行為において，診査医，生命保険面接士，生命保険募集人など各種の補助者を用いるのが通例である。これらの補助者にどこまで代理権が付与されるかは各保険者の意思次第であるが，一般的に以下のとおりである。

ア）診査医　診査医は医師であり，保険者との間に雇用関係のある社医と，保険者から委託を受けた嘱託医の２種類がある。診査医は保険契約の締結の際，被保険者になる者の身体および健康状態について医的診査を行ない，保険者が申込みを承諾するか否か，特別条件等を付加するか否か等の判断を行なうために必要な情報を調査したうえ保険者に報告することを職務としている。診査医は，契約締結権はないが，医師の資格があることから，告知受領権を有する。これについて，判例・学説ともに古くから異論はない。

イ）生命保険面接士[注8)]　生命保険面接士は生命保険会社の使用人である。生命保険面接士は，被保険者になる者に面接し，告知義務者が記入した告知書の回答を確認するとともに，被保険者の身体および健康状態について面談や外観により調査報告書を作成し，保険者に報告することを職務としている。生命保険面接士は，医療資格は有しないため，触診・血圧測定等も含めた診査はできない。そのため，約款上，生命保険面接士には告知受領権が与えられていない。下級審裁判例も学説も基本的にこれを肯定している。

ウ）生命保険募集人　生命保険募集人は，生命保険会社の役員もしくは使用人等またはその生命保険会社の委託を受けた者等であって，その生命保険会社のために保険契約の締結の代理または媒介を行なう者（保険業法２条19項）である。生命保険募集人のうち最も数が多いのは，いわゆる営業職員である。会社によっては呼称が異なるが，「生保外交員」「保険勧誘員」とも呼ばれている。保険募集人は，保険募集を行なうときに必ず，あらかじめ顧客に対して「自己が所属保険会社等の代理人として保険契約を締結するか，又は保険契約の締結を媒介するか」を明示するよう義務付けられている（保険業法294条３項２号）。

告知受領権を与えるかどうかに関して法令上特に定めがない。実務上，損害保険代理店については，実損てん補を目的とする損害保険の引受けは申込みに即応する必要があるため，契約締結の代理権も告知受領権も付与されている。他方，生命保険募集人（個人代理店，窓販代理店[注9)]

を含む）については，契約締結の媒介に限られ，生命保険会社から告知の受領権を付与されていないのが通例である。古くから判例・多数説ともこれを容認している。その理由は主に次のように挙げられている。すなわち，①生命保険募集人は契約締結権限がないこと，②生命保険募集人は危険選択の能力がないこと，③生命保険募集人の悪意（ある事実について知っていること）・過失が保険者の悪意・過失になる懸念があること，④告知受領権を与えるか否かは保険者の意思次第であることなどである。

生命保険会社各社とも，お客様の誤解を招かないように募集用資料・告知書説明用資料，ホームページ等において，生命保険面接士，生命保険募集人は告知受領権がない旨を明示している。

(3)　告知の方法および告知事項

3－1　告知の方法　告知の方式については，保険法において特段の規定を設けていない。そのため，理論的には口頭でも書面でもよいと解することができる。生命保険の実務上は，契約する保険種類，保険金額等によって，①診査医扱い，②生命保険面接士扱い，③告知書扱いのいずれかの方法で告知が行なわれる。約款により原則として書面で求めた事項についてはその書面により告知するが，会社の指定する医師が口頭で質問した事項については，その医師に口頭により告知することを要する旨を定めている。具体的には，保険契約申込書の受理の段階で，あらかじめ申込書に告知事項記入欄を設け，または別に告知書を添えて，これに告知義務者が告知書に記載される保険者の質問に対する回答を記入し，署名または記名押印したうえ保険者に交付する。診査医扱いの場合は，診査医が口頭で告知義務者に確認した内容を告知書に書いて，それを告知義務者が確認のうえ，相違がなければ告知書に署名をするという事務手続きが行われている。

3－2　**自発的申告義務と質問応答義務の相違**　改正前商法は，告知義務の対象を単に「重要ナル事実」と定めていた。そのため，何が告知の対象となる重要な事実であるかを保険契約者側において自ら判断して申告しなければならない。これにより，告知義務の性質は「自発的申告義務」であった。これに対し，保険法は，告知義務の対象を危険に関する「重要な事項のうち保険者になる者が告知を求めたもの」としている（4条・37条・66条)。これにより，告知義務の性質は質問応答義務となった。

自発的申告義務においては，告知事項について保険者側の質問の有無にかかわらず，告知義務者は自発的に告知をしなければならない。告知書（講学上「質問表」という）が使用される場合に，告知書に記載されている事項以外にも，告知すべき事項があれば，さらに自発的に告知しなければならない。これに対し，質問応答義務においては，告知義務者は保険者になる者の質問に回答すればよい。保険者が告知書を使用した場合において，告知書による質問以外には，告知義務は及ばない。たとえ危険選択上の重要事項であっても，保険者になる者がそれを質問しない限り，告知義務違反を問うことはできない。つまり，告知書で質問しなかった場合は保険者の過失となり，告知義務違反による解除ができないことになる。

3－3　**告知事項**　保険法では,「告知事項」を「重要な事項のうち保険者になる者が告知を求めたもの」としている（4条・37条・66条)。ここにいう「重要な事項」とは，危険に関するものであり，そして,「危険」の定義については，保険契約の類型ごとに書き分けられている。損害保険契約にあっては,「損害保険契約によりてん補することとされる損害の発生の可能性」（4条)，生命保険契約にあっては,「被保険者の死亡又は一定の時点における生存」という保険事故の発生の可能性（37条），そして，傷害疾病定額保険契約にあっては，「傷害疾病による治療，死亡その他の保険給付を行なう要件として傷害疾病定額保険契約で定める事由」という給付事由の発生の可能性（66条）をいう。

生命保険契約における「危険」について，保険実務上は，①身体的危険（医学的危険ともいう）すなわち被保険者の身体，健康上の危険（既往症や現症を含む健康状態），②環境的危険すなわち被保険者の生活環境全般に関する危険（業種や仕事の内容），③道徳的危険（モラル・ハザード）すなわち人為的な要素によって保険事故等を生じさせると考えられる精神的または心理的状態の危険（保険金殺人や入院給付金不正受給が加入目的である場合等）の三つに分類される。そして，危険の事実は，講学上，保険危険事実と道徳的危険に大別されている。

危険に関する「重要な事項」の解釈について，改正前商法の下では，それは危険測定に必要な事実である。保険者が当該事実を知っていたならば保険契約の締結を拒絶したか，または少なくとも同一の条件（保険料等）では契約を締結しなかったであろうと考えられるものを意味する（判例・通説）。保険法の下でも，この確立した解釈が維持されている。

保険実務上，告知書の記載事項は通常，被保険者の属性と健康状態に大別されている。属性に関する事項としては，名前や生年月日，性別，身長，体重，勤務先・業種・仕事の具体的内容等である。健康状態に関する事項としては，①最近３か月以内の健康状態，②過去５年以内の病気やけが，③癌の罹患有無，④過去２年以内の健康診断・人間ドックの結果，⑤身体の障害，⑥女性特有の告知項目等である。告知義務者は，質問に対して，告知書の「はい」か「いいえ」にチェックする。「はい」に該当する場合は，告知書の別欄に詳細を記入する必要がある。そして，保険契約者または被保険者が告知した事項が正確に保険会社に伝達されたかどうかを契約者において確認する機会を与えるために，告知書の写しが保険証券とともに保険契約者に送付されるのが通常である。

なお，告知書は，保険の技術に精通する保険者が作成したものであることから，これに掲げられている事項はすべて重要な事項と推定される。

3. 告知義務違反による解除[注10)]

（1） 告知義務違反による解除の通則

1－1 告知義務違反の法的効果　保険法55条1項は，「保険者は，保険契約者又は被保険者が，告知事項について，故意又は重大な過失により事実の告知をせず，又は不実の告知をしたときは，生命保険契約を解除することができる。」と定めている。告知義務違反があった場合は，原則として保険者は保険契約を解除することができる。かかる解除は，将来に向かってのみその効力を生ずる（59条1項）。解除される時までに発生した保険事故について，保険者は保険給付を行なう責任を負わず，全額免責される（59条2項1号本文）。もっとも，告知義務違反による解除の事実に基づかずに発生した保険事故については，この限りではない（59条2項1号但書）。

その趣旨は，次のところにある。すなわち，告知義務違反があった場合には，告知義務者である保険契約者または被保険者の責めに帰すべき事由により，保険契約の締結の時点で保険者が保険料に比して過大な危険を引受けることになる。これに伴い，保険契約者間の公平性を害することになるため，保険者をその過大な責任から免れさせる必要がある。一方，告知義務違反と保険事故の発生との間に因果関係がない場合には，もともと保険者が引き受けていた危険が現実化したものと考えることができる。そこで，保険契約者の保護の観点から，保険者は保険給付を行なう責任を免れることとしないのが妥当であると考えられている。

1－2　告知義務違反による解除権の発生要件　告知義務違反による解除権の発生要件は，客観的要件と主観的要件で構成される。客観的要件としては，「事実の告知をせず」（不告知），または「不実の告知をした」（不実告知）があり，主観的要件としては，告知義務者の「故意又は重大な過失」があることである。事実の不告知または不実告知があったか否かは，客観的事実と告知義務者の告知した内容とが一致するか否かを基準に判断される。

ここにいう故意とは，告知すべき事項に該当することを知っていながら，意図的に不告知または不実告知をすることをいい，かかる故意は，詐欺の意思までは要求されない。そして，ここにいう「重大な過失」とは，判例，通説とも一致して，「故意に近くかつ著しい注意欠如の状態」を指すものと解している。

告知義務違反の事例として，次が挙げられる。

①少し注意すれば思い浮かべることができる重要な事実を告知しなかった。

②人間ドックで異常を指摘され，要経過観察の判定を受けた事実や精密検査等を勧められた事実を告知しなかった。

③ガンについては，医師から病名等の説明を受けていなくとも，重大な症状を自覚しているにもかかわらず，この事実を告知しなかった。

④自覚症状があり，明らかに身体状態の異常を認識していたにもかかわらず，この事実を告知しなかった。

⑤自身が重篤な病気に罹患していることを知っているにもかかわらず，それよりも軽微な病名を告げた（過小告知）など。

1－3　解除権の除斥期間[注11)]　保険法55条４項は「第一項の規定による解除権は，保険者が同項の規定による解除の原因があることを知った時から一箇月間行使しないときは，消滅する。生命保険契約の締結の時から五年を経過したときも，同様とする。」と定めている。これにより，告知義務違反による保険者の解除権の除斥期間は，長短二つとされている。1か月の除斥期間については，早期に法律関係を確定させるためである。そして，5年の除斥期間については，これだけの期間が経過すると告知されなかった事実が保険事故の発生率に影響を及ぼさないであろうと考えられるからである。

もっとも，生命保険契約の約款では，会社が，保険契約の締結，復活または特約の付加・変更後，解除の原因となる事実を知り，その事実を知った日から1か月が経過したとき，また責任開始日[注12)]の属する日から2年を超えて有効に継続したときには，会社は告知義務違反による解除をすることができないとしている（いわゆる不可争約款）。

（2） 解除権の阻却と阻却事由

保険法55条2項は，「保険者は，前項の規定にかかわらず，次に掲げる場合には，生命保険契約を解除することができない。」と定めている。つまり，保険契約者等が故意または重大な過失によって不告知または不実告知を行った場合には，保険者は保険契約を解除できる。ただし，次の3つの事由のいずれかが認められる場合には，例外的に保険者の告知義務違反による解除権の行使が阻却される。

2－1　保険者の知・過失による不知の場合　保険法は，解除権の阻却事由①として，「生命保険契約の締結の時において，保険者が前項の事実を知り，又は過失によって知らなかったとき。」と定めている（本項1号）。これは，保険者が保険契約者等の告知義務違反の事実を知っていたのであれば，危険選択の機会があったこと，また取引上における公平の見地からみて保険者にも注意を尽くさせる必要があることから，知または過失による不知の保険者を保護することが相当でないという趣旨である。

告知受領権を有する者の知・過失による不知の場合は，保険者のそれと同視され，本号の規定が適用される（民法101条の類推適用）。換言すれば，保険者の故意・過失の有無は，関わる補助者が告知受領権を有するかによって判断される。診査医は，告知受領権が付与されているから，診査医の知・過失による不知が保険者の知・過失による不知となるのは，古くから，判例・学説も一致している。したがって，告知義務者が診査医に対して告知したならば，保険者に対して告知したことになる。その際に，診査医が告知事項に関する重要な事実を知りまたは過失によって知らなかった場合には，それが保険者の知または過失による不知として，告知義務違反による保険者の解除権行使を妨げることになる。

一方，告知受領権を有しない生命保険面接士および生命保険募集人の知・過失による不知は，直ちに保険者の知・過失による不知に該当しないのが古くからの判例・多数説の立場である。

2－2　保険媒介者による告知妨害と不告知教唆　保険法は，解除権の阻却事由②として「保険媒介者が，保険契約者又は被保険者が前項の事実の告知をすることを妨げたとき」（本項2号。いわゆる「告知妨害」）および解除権の阻却事由③として「保険媒介者が，保険契約者又は被保険者に対し，前項の事実の告知をせず，又は不実の告知をすることを勧めたとき」（本項3号。いわゆる「不告知教唆」。以下，告知妨害と併せて「告知妨害等」ということがある）と定めている。

保険現場では，告知受領権のない生命保険募集人が契約を獲得し自己の営業実績を上げるために告知妨害や不告知教唆をしたりして倫理的な問題となることがある。保険法が保険媒介者による告知妨害等を解除権の阻却事由とした趣旨は，信義則に基づき，保険契約の勧誘を行なった保険媒介者の言葉を信じた保険契約者側の信頼を保護する見地から，告知妨害等により告知義務違反となった場合の不利益を保険契約者側に負わせるのが適切ではなく，保険媒介者の指揮・監督を行なう保険者の側に負わせるのが妥当であるというところにある。

「保険媒介者」とは，保険者のために保険契約の締結の媒介だけを行ない，告知の受領権を有しない者をいう。生命保険募集人がその典型例である。通常，委任関係にある代理店等と雇用関係にある営業職員の双方が含まれる。保険者のために保険契約の締結の代理を行なうことができる者が除かれる理由は，次のように考えられるからである。すなわち，保険契約における重要事項の告知は契約締結の可否を決定するためのものであるから，性質上，保険契約の締結の代理権を与えられている者は，告知受領権を有している。そのような代理権のある者が告知妨害や不告知教唆をする場合は，保険者の知または過失による不知となるため，前記解除権の阻却事由①に該当する。

告知妨害とは，告知義務者の意思が介在しておらず，保険媒介者による制圧の場合であり，告知義務者に告知の機会を与えなかった場合も含まれる。そして，不告知教唆とは，保険媒介者による不当な勧誘・誘導があったうえで，告知義務違反自体については告知義務者の意思が介在している場合であると整理されている。

保険法は，保険媒介者による告知妨害と不告知教唆の阻却事由を分けて規定している。しかし，どちらに分類されても法律上の効果に差異はない。告知妨害は単純に判断できるのに対し，不告知教唆にはいろいろなケースが考えられる。抽象的に不告知を勧めただけでは直ちに不告知教唆に該当すると認めるべきではない。保険媒介者が告知すべき事実を知りつつも告知義務違反を唆したような行為で，かつ保険契約者等の告知義務違反への寄与度が高い場合は不告知教唆に該当するのが妥当と考えられる。

告知妨害等の事例として，次が挙げられる。

①告知義務者が告知書に既往症があることを記載して保険媒介者に提出したが，保険媒介者がこれを無断で改竄し既往症はないという内容の告知書にして保険者に提出した。

②保険媒介者が告知義務者に告知書の白紙に署名だけさせて，記載を代筆し，記載内容を告知義務者に確認しないまま保険者に提出した。

③告知義務者が口頭で保険媒介者に疾患を告知したが，保険媒介者が「それは私が記載する」と言って当該事項を記載しないまま告知書を保険者に提出した。

④告知義務者がある既往症を告知すべく告知書に記入しようとしたところ，保険媒介者が「それはしなくてもよい」と言って告知をさせなかった。

⑤告知義務者が，熱っぽい状況で風邪を引いているようで，これを告知しなければならないかを保険媒介者に訪ねたところ，保険媒介者が「風邪程度だったらいいでしょう」とアドバイスしたため，告知がされなかった。

⑥告知義務者には告知すべき既往症があったが，保険媒介者が２年経過したら告知義務違反が問われなくなるから，何かあっても何も告知しない方がよいとアドバイスしたため，告知がされなかった。

⑦告知義務者が既往症を有することを知っていた保険媒介者は，告知義務者が当該既往症を告知していないのに気がついたが，当該既往症を告知するようアドバイスしなかった。

（３）　解除権阻却不適用の特則

保険法55条３項は「前項第二号及び第三号の規定は，当該各号に規定する保険媒介者の行為がなかったとしても保険契約者又は被保険者が第一項の事実の告知をせず，又は不実の告知をしたと認められる場合には，適用しない。」と定めている。これは，解除権阻却不適用の特則を規定するものである。

なぜ解除権阻却不適用の特則を設ける必要があるかというと，保険媒介者による告知妨害等の有無にかかわらず，はじめから告知義務違反をして保険契約を締結しようとする悪質な保険契約者側については，解除権阻却の規定による保護をする必要はないからである。逆にそのような告知義務違反についてまで解除権阻却の規定を適用して保険者の解除権を認めないことは，当該規定の趣旨とも合致しないから，その場合は，原則に戻って保険者による保険契約の解除を認めることが妥当である。

解除権阻却不適用の特則は，告知妨害等と告知義務違反との間に因果関係が存在しないことを要件とする。しかし，それは容易に判断できるものではない。告知義務違反が告知妨害等と関係なく行なわれると認められるか否かの判断においては，保険媒介者が告知妨害等をした行為の態様と，保険契約者等が告知義務違反をした行為の態様を総合的に比較考量することが必要になると考えられる。

解除権阻却不適用の事例として，次が挙げられる。

①被保険者になる者が，自身が重篤な病気に罹患していることを知っているにもかかわらず，それよりも軽微な病名を保険媒介者にことさらに申し述べ，保険媒介者から「その程度であれば告知しなくてもよい」との発言を引出し，重篤な病気を不告知とした。

②保険媒介者が自己の親族と通謀して，親族の保険加入が認められるよう告知書を作成して提出した。

③保険媒介者が，告知義務者から手渡された告知書を改竄したうえで保険者に提出することによって告知妨害を行なったが，実はその告知書にもともと虚偽のものがあった。

④保険媒介者が，不告知手法を教示することによって不告知教唆を行なったが，告知義務者は，もともと自己の病歴からすると保険に加入できないことを認識しながら，保険媒介者と共謀して，加入が認められるような虚偽の告知書を作成して保険者に提出した。

4. 保険契約と倫理に関する日本の告知義務制度の特色

保険契約と倫理の関係について，各国とも法的に告知義務制度を設けている。しかし，諸外国に比較して，日本の告知義務制度は以下の特色を有する。

第１に，告知義務は保険契約者と被保険者両方ともに課されている。

ドイツ，イタリア，中国等は保険契約者のみに告知義務を課している。保険契約者のみでなく被保険者も告知義務者とされている日本のような立法例は少ない。

第２に，告知義務違反により保険契約を解除した場合の保険者の給付義務は全額免責となる。もっとも，告知義務違反と保険事故の発生との間に因果関係がない場合には，この限りではない。

告知義務違反により解除した場合の効果については，国によって異なる。諸外国では，過失または重過失の有無，そして保険事故の発生が契約解除等行使の前後を区分して保険者の支払責任を全額免責とするかどうかが規定されている（たとえば，ドイツ，フランス，イタリア，スイス）。契約解除等行使の前に発生した保険事故については，過失または重過失による告知義務違反がある場合に保険者の保険金給付義務を全額免責とする。ただし，保険事故の発生と告知義務違反との間に因果関係が存在しない場合には保険者の給付義務は免れない。契約解除等行使の後に発生した保険事故，また過失または重過失のない場合については，保険料の割増変更か比例減額をして保険金が支払われて契約を継続する。

なお，ドイツでは，保険契約者が詐欺的意図をもって告知義務違反をした場合について，保険事故の発生との因果関係の有無にかかわらず，給付義務は全額免責とされている。

第3に，保険契約者側のみではなく保険媒介者にも保険契約の締結に際し倫理を守ることが求められている。

告知義務違反の事実について保険者の知または過失による不知が解除権の阻却事由とされる立法例が多くみられている（たとえば，ドイツ，フランス，スイス，中国など）。しかし，保険媒介者による告知妨害または不告知教唆があった場合には，保険者は告知義務違反を理由に保険契約を解除することができない，いわゆる解除権の阻却事由とされる日本のような立法例はあまりみられない[注13)]。

以上より，日本の告知義務制度は諸外国よりも保険契約と倫理の関係を重視している。これは，契約者間の公平性を維持するとともに，善意の保険契約者側の利益保護を強化するためである。前述のように，告知義務は，保険契約者側に課す個人倫理上の義務であるのに対し，告知妨害等をしてはならないことは，保険媒介者および保険媒介者に対する指揮・監督上の責任を負う保険者側に課す職業倫理上の義務である。両方とも保険契約の締結または募集活動において強く求められている。

〉〉注

注1）宮島司編著『逐条解説　保険法』（弘文堂・2019）48-49頁・441-443頁・863-864頁［李鳴］参照。

注2）給付反対給付均等の原則とは，保険料と保険事故発生に際して支払われる保険金の期待値は数学的に等しくなければならず，保険料は危険度に応じて段階的に定めなければならないとする原則。

注3）保険法（平成20年法律56号）は，改正前商法（平成20年法律第57号による改正前の商法）の中の保険法に該当する商法典から切り離して独立され，平成20年6月6日に公布され，平成22年4月1日より施行された。本章中で法律名を省き条文番号のみとした場合は，保険法の条文を指す。

注4）第2章は損害保険，第3章は生命保険，第4章は傷害疾病定額保険である。

注5）宮島・前掲注（1）58-65頁・450-469頁［李鳴］参照。

注6）準法律行為とは，ある意思の通知ではあるが，それ自体が法律効果を発生させるものではない行為をいう。

注7）一身専属とは，権利あるいは義務が特定人に専属し他の者に移転しない性質を意味する。

注8）生命保険面接士の制度は，診査医の不足に対処するために昭和46（1971）年から導入。一般社団法人生命保険協会が独自に設けた資格であり，国家資格ではない。

注9）窓販売代理店とは，生命保険会社の代理店として窓口などで保険募集を行なう銀行や信用金庫等の金融機関を指す。

注10）宮島・前掲注（1）721-747頁・951-953頁［李鳴］参照。

注11）解除権の除斥期間とは，法律で定められた期間内に権利を行使しないと，その権利が消滅する期間をいう。消滅時効と異なり，中断すること（ある事由により経過した期間が消えること）はなく，また，当事者の援用（利益を受ける旨の意思表示）がなくても効果が生じる。

注12）生命保険契約では，損害保険契約の場合とは異なり，契約締結の時と保険者の責任開始の日とが一致しない場合が少なくないため，保険者の責任開始の日を除斥期間の起算点としている。

注13）スイスでは，保険者側の告知妨害と類似の行為を解除権等の阻却事由として明文化している。

《学習のヒント》

1．保険契約の締結または募集時に求められる倫理について述べてみよう。
2．保険契約者または被保険者による告知義務違反の例と，保険媒介者（保険募集人）による告知妨害または不告知教唆の例を挙げて，それらが発生した場合の法的効果を考えてみよう。

参考文献

大森忠夫『保険法〔補訂版〕』（有斐閣・1985）
中西正明『保険契約の告知義務』（有斐閣・2003）
山下友信『保険法』（有斐閣・2005）
萩本修編著『一問一答　保険法』（商事法務・2009）
宮島司編著『逐条解説　保険法』（弘文堂・2019）

11 生産マネジメントと倫理

松井美樹

《学習のポイント》 企業等において生産活動を営む上でしばしば持ち上がる倫理的問題について学習する。特に，品質の確保，製品やサービスの仕様を保証する検査，法令や基準の遵守などに関わる倫理上の課題を取り上げ，これに反する不祥事や不適切行為が起こる原因とその克服方法について考察する。
《キーワード》 品質保証，企業倫理，技術者倫理

1．はじめに

近年，生産活動によって生み出される製品やサービスの品質保証や安全保証に関する不適切行為あるいは企業不祥事が新聞やニュースを騒がす事例が散見されている。自動車や鉄道車両，飛行機などの輸送用機器製造業や非鉄金属業，化学産業などで，品質検査データの改ざん，燃費詐称，無資格者による完成検査の実施といった不適切行為が相次いでいる。

企業の不祥事は最近になって始まったものではなく，戦前にも汚職や贈収賄などの疑獄事件があり，戦後の高度成長期には業界ぐるみの談合事件が摘発され，有害な環境汚染物質の排出隠ぺい問題が公害訴訟へと発展していった。2000年代に入ってからは，粉飾決算と並んで，品質保証問題に直結するリコール隠し，品質データや試験・検査データの改ざん，食品偽装，消費・賞味期限改ざんなどの不適切行為が増えてきている。また，海外でも，1976年のロッキード事件，2001年のエンロン事件，

表11-1　最近の品質を巡る不適切行為

年月	企業名	不適切行為の内容
2015年2月	ノバルティスファーマ	副作用の報告義務を放置
2015年3月	木曽路	和牛原産地偽装
2015年3月	東洋ゴム工業	免震ゴムの性能試験データを改ざん，不良品を出荷
2015年4月	江崎グリコ	スナック菓子の表示で「乳」の表示漏れ
2015年5月	日本ハム	家畜飼料用乳酸菌特許の取り下げ
2015年6月	武田薬品工業	降圧剤の誇大広告
2015年6月	日本航空（ジェイエア）	部品の定期点検なしに運航
2015年6月	化学及血清療法研究所	承認と異なる方法で血液製剤を製造
2015年8月	オリンパス	内視鏡による薬剤耐性菌感染事案の迅速な報告を怠る
2015年9月	ファイザー	抗がん剤等副作用の国への報告を怠る
2015年9月	フォルクスワーゲン	排ガス規制試験をクリアするため違法ソフトウエアを利用
2015年11月	タカタ	エアバックの不具合への不適切な対応
2015年12月	旭肥料，相模肥糧	不適正表示で出荷停止処分
2016年1月	ダイコー	廃棄処分品をスーパーで販売
2016年4月	三菱自動車工業	燃費データの不正行為
2016年5月	スズキ	燃費データ測定で不正
2016年6月	神戸製鋼所	ばね用鋼材の強度試験結果の改ざん
2016年7月	東亜建設工業	施工不良の隠蔽で処分
2016年11月	オーエムツーミート	原産国非表示
2017年2月	首都圏新都市鉄道	巡回を怠り，虚偽記録
2017年9月	日産自動車	無資格者による完成車検査
2017年10月	神戸製鋼所	アルミ製品の性能データ偽装
2017年10月	富士重工業	無資格者による完成車検査
2017年12月	東レ	製品検査データの改ざん
2018年3月	三菱マテリアル	品質データの改ざん
2018年3月	GMB	購入部品の組付け，データの書き換え
2018年3月	富士重工業	燃費，排ガス検査データの書き換え
2018年6月	宇部興産	検査せずに基準数値を出すなどして規格外製品を納品
2018年8月	マツダ，スズキ，ヤマハ	燃費，排ガスの不正検査
2018年9月	フジクラ	製品検査データの改ざん
2018年10月	KYB，川金ホールディングス	免震・制振装置データの不正改ざん
2019年1月	IHI	無資格者による部品検査，作業記録書の改ざん
2019年1月	住友重機械工業	検査データの改ざん，不適切な検査
2019年4月	大和ハウス工業	耐火性や基礎構造に不適合な部材を使用
2019年8月	ジャムコ	無資格の検査員による部品検査
2019年8月	ユニチカ	顧客の求める品質に合わない製品のデータ改ざん

2015年のフォルクスワーゲン社による排ガスデータの改ざん問題などが起こっている。企業倫理が問われる所以である。

最近になって発覚した品質検査データの改ざんや無資格者による完成検査といった不適切行為の中には，相当の期間にわたって継続されていたものもあることが分かってきている。

製品やサービスの品質は価格と並んで，買い手がその購入を決める際に検討する最も重要な属性のひとつであり，その検査データが改ざんされていたり，品質の検査がずさんに行われていたりしていれば，購買活動に大きな支障が生じるだけでなく，買い手の生命や安全を脅かすことにもなりかねない。本章では，製品やサービスの品質を脅かす不適切行為に焦点を当てて，そのような行為に企業が陥ってしまう背景や原因とその防止策を考えていきたい。

2. 近年における品質を巡る不適切行為の事例

ここでは，株式会社神戸製鋼所，東レ株式会社，三菱マテリアル株式会社，日産自動車株式会社，IHI株式会社がそれぞれ発表した調査報告書に基づいて，各社及びその子会社においては発覚した品質データの改ざんや不適切な検査の概要についてまとめる。

（1） 株式会社神戸製鋼所の事案[注1)]

神戸製鋼所の子会社神鋼鋼線ステンレス株式会社において2016年6月にJIS法違反事案が摘発され，神戸製鋼所は全事業部門を対象として本社主導による品質監査を2017年4月に開始した。その結果，先ずアルミ・銅事業部門において，公的規格または顧客仕様を満たさない不適合製品につき，検査結果の改ざんまたは捏造等により，これらを満たすものとして顧客に出荷するという不適切行為が行われていたことが発覚し，その他の複数の事業所においても同様な不適切行為が行われていたことが確認されるに至った。品質自主点検の結果，2017年10月までに国内の12拠点において不適切行為の存在が確認され，その後の外部調査委員会の調査により，新たな不適切行為が確認された。アルミ・銅事業部門では，不適切行為について役員が関与していた事例，役員が不適切行為を認識していたにも関わらず，これを止めさせる措置を講じなかった事例が確認された。

外部調査委員会の調査結果を受け，神戸製鋼所はこれらの不適切行為に係る事実関係，原因分析及び再発防止策等を取りまとめた「当社グループにおける不適切行為に関する報告書」を2018年３月６日に公表した。

（２） 東レ株式会社の事案[注2)]

東レの子会社である東レハイブリッドコード株式会社では2016年５月に発覚した日本貿易振興機構補助金不正受給問題を受け，同年７月からコンプライアンス強化に向けたアンケート調査を実施した結果，自動車用タイヤ等の補強材の検査データを書き換えて検査成績表を作成していたことが判明した。東レは事実確認のための社内調査を行い，この調査とそれに基づく再発防止策の策定や対外対応の妥当性を検証するため，2017年11月に有識者委員会を立ち上げ，調査を委託した。同年12月27日に有識者委員会が調査報告書を提出し，東レが公表した。それによると，契約書などで定められた値に達していない場合に，東レハイブリッドコードの品質保証室長が製品データ149件を書き換えて自動車関連メーカーに出荷していたことが確認された。

(3) 三菱マテリアル株式会社の事案[注3)]

三菱マテリアルは，子会社の三菱伸銅株式会社及び三菱電線工業株式会社において，過去に製造した製品の一部に検査記録データの書き換えなどの不適切な行為により，顧客の規格値または社内仕様値を逸脱した不適合品を出荷した事実が判明したことから，2017年12月に特別調査委員会に調査等を委嘱した。

一方，別の子会社の三菱アルミニウム株式会社において，顧客と取り交わした規格値を逸脱した不適合品の一部について2002年11月に策定された「特採処置実施規定」と呼ばれる非公式な内規に基づき試験データを書き換え，顧客規格に合致する製品として出荷していた事実が2016年11月に判明していた。「特採処置実施規定」では，特定の板製品を対象として，一部の試験項目についての規格外れの程度が同規定に定められた一定の範囲内に収まっていれば，試験データを規格内に収まるように書き換え，特採処置とすることを許容する旨が定められており，同規定に基づき，試験データの書き換えが行われていた。三菱アルミニウムは三菱マテリアルにこの事案を報告し，対象製品を販売した顧客との間で，事実報告と安全性確認作業を行うとともに，事実調査と原因究明を実施し，これに基づく再発防止策を策定・実施した。その後，2017年11月，三菱マテリアルが三菱アルミニウムにおいて不適合品を出荷していた事実を公表したことを受けて，ISO9001の一時停止処分，JIS 認証取り消し処分を受けた。三菱マテリアルは，経営監査部等による特別監査を実施し，三菱アルミニウムにおいて，先行事案とは異なるやり方で，板製品に加えて箔製品や押出製品についても不適合品の試験データを書き換えていたこと，JIS 規格または顧客の要求仕様に合致しない検査を実施していたことが判明した。

また，同じく三菱マテリアルの子会社である株式会社ダイヤメットにおいても，三菱マテリアルの社員相談室への内部通報を契機として，顧客未承認の工程変更や不適合品が出荷されていたことが2016年８月頃までには認識され，調査委員会による事実調査と原因究明が実施されていた。その結果，最終検査の不実施，後追い実施，不適合品流出の放置，「検査特採」という社内制度に基づく検査成績表の書き換え，顧客未承認の工程変更，磁気探傷検査工程の省略といった不適切行為が発覚した。これらに共通する原因として，ダイヤメット株式会社の役職者の誇りと自覚の欠如，コンプライアンス意識及び倫理観の欠如，組織と体制の問題，三菱マテリアルの不十分な監視体制が指摘された。特に最終検査に関する不適切行為の原因として，製造困難な仕様での受注，品質改善活動の不活性，製品検査能力の不足，品質に対する感度不足，品質より納期を優先する風土，最終検査に対するチェック機能不全が指摘された。これらの原因を取り除くため，風土改革プロジェクト，製品歩留改善プロジェクト，検査工程改善プロジェクト，システム化プロジェクト，検査体制の充実と生産性向上のための組織改編，設備投資による生産能力の整備などから成る再発防止策が策定・実施されていた。ところが，2018年１月，三菱マテリアルの社員通報窓口に，ダイヤメットにおいて検査データの不実記載の可能性がある旨の通報があり，関係者へのヒアリング調査により，不適合品の出荷等の不適切行為が継続していることが判明し，特別監査が実施された。

このような状況から，特別調査委員会は三菱アルミニウムとダイヤメットに対する調査が必要と判断し，西村あさひ法律事務所に事実関係の調査，原因究明，再発防止策の立案を委託した。2018年３月27日付けで公表された調査報告書の内容は以下の通りである。

三菱アルミニウム及びその子会社において，板製品のみならず，押出製品や箔製品についても品質試験データの書き換えや検査の不実施や不備（JIS規格等に適合しない検査方法が用いられていた）に関する不適切行為が行われていたことが判明した。担当者段階での試験データの書き換えが板製品については2007年以降，押出製品については遅くとも2005年頃から，箔製品については遅くとも1990年代後半から行われていた。2016年に板製品について「特採処置実施規定」という内規に基づく試験データの書き換えが判明した際に，再発防止策を構築，実行していたが，その内規に関連した不適切行為の是正に留まり，それ以外の不適切行為の発見・根絶の契機にはできなかった。

ダイヤメットでも，内部告発を端緒として，2016年夏には不適切行為の先行事案が認識され，三菱マテリアルの助力を得て事実関係調査を行い，調査結果に基づく再発防止策が立案，実行されていた。しかし2018年１月に再度内部告発が行われ，不適切行為が継続していることが判明した。特別調査委員会は，最終検査の不実施，後追い実施，不適合品流出の放置，検査成績表の書き換えが継続していたことを確認するに至った。

（4） 日産自動車株式会社の事案[注4)]

2017年９月，国土交通省は，日産車体株式会社湘南工場に対する立入検査を実施し，

①完成検査員に任命されていない者が，完成検査員の付添い等なく，型式指定申請に際して届け出た完成検査項目に係る検査を実施している事例があること

②完成検査員が，補助検査員に対し，完成検査員名義の印鑑を貸与し，貸与を受けた補助検査員が，同印鑑を用いて完成検査票に押印している事例があること

を指摘した。これらの指摘を受け，日産は以下の改善施策を国土交通省

に対し報告した。

イ　完成検査は必ず完成検査員が実施する体制を整える。補助検査員には完成検査票の記入はさせない。

ロ　補助検査員に対し行っている実地研修は，必ず完成検査員を付き添わせ，訓練用のチェックシートを用いて行う。

ハ　完成検査員の本人印を一旦回収し，本人使用の印鑑及び一つの予備印以外の印鑑を廃却する。完成検査員の本人印は，個人管理ではなく組単位での組織的な管理とし，始業時に完成検査員本人に貸し出しを行い，かつ，終業時には完成検査員本人から回収することとする。

日産車体湘南工場に対する立入検査に引き続き，国土交通省は，日産自動車追浜工場，日産車体九州株式会社及び日産九州株式会社に対する立入検査をそれぞれ実施し，いずれの車両工場においても，日産車体湘南工場と同様，上記①及び②の事案が存在することを指摘した。

以上の立入検査の結果を踏まえ，国土交通省は，日産自動車に対し，「型式指定に関する業務等の改善について」を発出し，不適切な完成検査の過去からの運用状況等，事実関係の詳細を調査した上で，再発防止策を検討し，1か月を目処に報告すること及び型式指定に関する業務全般の法令遵守状況を点検することを求めた。これを受け，日産自動車及び日産車体は，西村あさひ法律事務所の弁護士に対し，日産自動車車両工場における品質管理体制の実態に係る調査等を委託した。その事実調査を行う過程で，日産自動車が国土交通省に対し，指摘事項に対する改善施策を報告した2017年9月19日以降も，日産車体湘南工場において，完成検査員でもなく，また補助検査員でもない作業員が完成検査を実施していたことが判明した。さらに，日産自動車追浜工場，栃木工場及び日産九州においても，補助検査員又は完成検査員に任命されていない一般の検査員による完成検査が，2017年９月19日以降も継続していたことが判明した。国土交通省は，これらの各車両工場に完成検査の2017年９月19日以降の運用状況等，事実関係の詳細を調査し，恒久的な再発防止策を検討し報告することを求めた。

西村あさひ法律事務所の弁護士は2017年11月17日に「車両製造工場における不適切な完成検査の実施について」と題する調査報告書を日産自動車及び日産車体に対して提出した。

（５） IHI 株式会社の事案[注5)]

2019年１月，IHI 瑞穂工場に対して国土交通省による立入検査が実施され，その後の社内調査の結果，民間エンジン整備事業において複数の不適切な事案が判明した。

①部品の検査を，業務規程に基づく適切な社内資格を有する検査員ではなく，資格を有さない者が実施していた

②所定の作業工程どおりに作業及び検査を実施しなかったにもかかわらず，実施したように作業記録書の検査実施日を改竄していた

③計測機器の定期検査記録書の検査実施日が適切でない

その後，過去10年間にわたり整備し，修理し，出荷した運航中エンジン45台と部品605点（作業件数約19万件）を対象に更なる調査を進め，エンジン34台と部品125点（作業件数1,251件）において不適切な検査作業が行われていたことが判明した。

外部専門家による調査報告書を受けて，IHI は2019年５月10日に「整備作業等の適切な実施に向けた是正措置について」と題する報告書を公表した。

3. 不適切行為の原因と背景

ここでは，各企業の調査報告書に基づいて，前記不適切行為が引き起こされた原因や背景について考察する。

（1） 神戸製鋼所[注1)]

神戸製鋼所が2018年３月に発表した報告書では，検査結果の改ざんや捏造を引き起こした直接的な原因と根本的な原因を以下のように整理している。

【直接的原因】

①工程能力に見合わない顧客仕様に基づいて製品を受注・製造していたこと

②検査結果等の改ざんやねつ造が容易にできる環境であったこと

③各拠点に所属する従業員の品質コンプライアンス意識が鈍麻していたこと

【根本的原因】

①収益偏重の経営と不十分な組織体制

本社の経営姿勢，本社による統制力の低下，経営陣の品質コンプライアンス意識の不足，事業部門における監査機能の弱さ，本社による品質コンプライアンス体制の不備

②バランスを欠いた工場運営と社員の品質コンプライアンス意識の低下

工程能力に見合わない顧客仕様等に基づく製品の製造，生産・納期優先の風土，閉鎖的な組織（人の固定化），社員の品質コンプライアンス意識の鈍麻，本件不適切行為の継続

③本件不適切行為を容易にする不十分な品質管理手続

改ざんや捏造を可能とする検査プロセス，単独かつ固定化した業務

体制，社内基準の誤った設定・運用

不適切行為が行われた多くの拠点において，その工程能力から顧客の要求する仕様を満たす製品を安定的に製造できない状況が継続しており，顧客仕様を満たさない製品の全てを正規の手続きに従って再検査，屑化あるいは転用等した場合，顧客と合意した納期を遵守することができず，顧客から損害賠償請求を受けたり，競合他社への転注を招いて失注したりするおそれがあり，売上げ低下等により工場自体が操業停止に追い込まれる恐れもあったため，これらを回避する目的でこのような不適切行為が行われていた。

顧客仕様を満たす製品を安定的に供給できるだけの工程能力を備えているかについての把握や検証が不十分なままに製造を受注してしまった事案や，顧客仕様が決定された後に製品の安定供給が困難であることが判明したものの，長期間にわたって行われてきた不適切行為が露見したり，顧客の値下げ交渉等に応じざるを得なくなって利益目標を達成できなくなったりすることを恐れるあまり，顧客に対して仕様変更，納期の延期や特採等の申入れを行うことを断念した事案等が確認された。

このように，生産能力を超えた受注が増加する一方で，世間一般の製造工場と同様に，収益向上を目指した設備稼働率や顧客満足度を高めるための納期改善の取組み等も同時に行われた結果，各拠点は，目標とする生産量や販売量が維持できないというディレンマに陥っており，不適切行為が行われる強い動機となったと考えられる。

受注の成功と納期の達成を至上命題とする生産・納期優先の風土が形成され，短期的利益を確保する目的で本件不適切行為を行うに至り，本件不適切行為が長期化するに従って，本件不適切行為が顧客の信頼を裏切る行為であるという意識さえも薄れていった。「検査結果には一定のばらつきが生じるものであり，僅かに顧客仕様を外れたにすぎない場合は問題ない」,「公的規格は守らなければならないが，顧客仕様は絶対に守らなければならないわけではない」といった誤った理解や整理の下で，顧客仕様からの逸脱が一部で正当化されていた。

(2) 東レ[注2)]

本件データ書換問題が生じた本質原因としては，①品質保証に対する経営層の関心が薄く，適性に欠ける者が品質保証室長であるという現状把握を怠った，②データの書換行為のような不正を見抜く体制づくりや不正ができない仕組みづくりを怠った，③測定装置の保守管理が不十分で，品質保証検査の精度が低下したことが確認され，さらに，④検査成績表の数値の修正を事後的にチェックするシステムがなかった，⑤2012年以降，規格外製品に関する議題が品質管理会議から外され，状況を全社的に共有する場がなかった，⑥品質保証室に対する社内監査において，実測データの確認までは行われていなかった，⑦品質保証室は他の部署からの影響力を遮断するために社長直轄の組織とされていたが，社長や他部署との関係が希薄であったことも原因の一部と考えられた。

(3) 三菱マテリアル[注3)]

三菱アルミニウムにおいて「特採処置実施規定」に基づく試験データの書き換えが判明した際に，再発防止策を構築，実行していたものの，品質試験データの書き換えや検査の不実施や不備が続いていたことは，強い縦割り意識等を含む企業風土に根ざしているものと考えられ，企業風土の抜本的な改革が必須である。縦割り組織の弊害の他，不適切行為の原因として，規格遵守に対する意識の低さ，「受注」「納期」偏重の姿勢，製品検査担当者に対するプレッシャー，必要な知識の周知徹底不足，従来の慣行への安易な依拠，子会社管理及び子会社の問題を契機とした自社への振り返りの不十分さが指摘された。

他方，ダイヤメットについては，工程能力を超える仕様で受注・量産化していたこと，顧客仕様を満たす製品を製造する工程能力が低下していたこと，品質保証体制の仕組みに不備があったこと，検査人員・検査設備の不足，納期のプレッシャーや検査部門に対する他部門からのプレッシャー，品質に対する意識の希薄化の６点が指摘されている。さらに，先行事案の発覚以降も不適合品の流出や検査成績表の書き換え等が継続された原因として，品質改善プロジェクト等によって不適合品が検出される製品を確認する過程で，改善が必要な製品数が想定以上に膨れ上がっていく中，早期の工程能力の向上と品質改善の目途が立たず，問題の深刻さを更に認識するに至り，顧客の生産ラインを止めてしまうことに関する恐怖感やプレッシャーも相まって，問題を公表することができなかったことが指摘された。

（4） 日産自動車[注4)]

調査結果からは，補助検査員や作業員等による完成検査が常態化していた原因・背景として，以下の事項が指摘された。

①完成検査員不足

多くの完成検査員が，完成検査員の人員不足のため，検査工程に習熟した補助検査員や作業者等に完成検査を行わせなければ，完成検査ラインは回らないと述べている。特に，新車種の投入等によって，生産シフトが二交代制あるいは三交代制へと増加するような場合に，他の車両工場等からの人員の応援などの措置は取られるものの，十分な数の完成検査員を確保することは困難な状況が生まれていた。

②完成検査制度に関する規範意識の鈍麻

技能に習熟しさえすれば完成検査員に任命されていなくても完成検

査を行って構わないとの考え方が広く浸透していた。

③任命・教育基準書と実態の乖離

任命・教育基準書が実態と乖離しており，同基準書に従って完成検査員を養成することが不合理であるという意見も多い。完成検査員任命のためのプロセスが必ずしも実態にそぐわないものであったということは，補助検査員による完成検査が常態化したことと無関係ではないと考えられる。

④任命・教育基準書の不明確さ

本件の発覚を受けた2017年９月20日付けの任命・教育基準書の改訂に明記されるまで，補助検査員及び作業員等は，完成検査に従事してはならないという禁止事項を明確に定めた行為規範は，任命・教育基準書及び完成検査実施要領のいずれにも規定されていなかった。行為規範が明記されていないことにより，完成検査の実施主体に係る解釈の余地が生じた。

⑤完成検査票変更基準の不備

標準作業書が改訂された場合，それに合わせて完成検査票を変更しなければ両者の間で齟齬が生じ，その結果，補助検査員又は作業員等による完成検査が行われたほか，ある完成検査項目の完成検査が実施されていないという事態を引き起こしていた可能性がある。その背景には，各車両工場の技術員や標準作業書を作成する工長や係長が，必ずしも標準作業書の改訂に合わせて完成検査票を変更しなければならないとの認識を有していなかったこと，あるいは変更手続に手間がかかることから，それを嫌って完成検査票変更の手続を行わなかったことにある。そもそも，各車両工場で定める完成検査票変更届出の実施に係る基準は，いかなる場合に届出内容に変更が生じるといえるのか，また，品質保証課へ変更内容等を連絡する責任を負うのは誰かという点について具体的な言及がなされていなかった。

⑥現場と管理者層の距離

日産自動車本社及び車両工場の管理者層と完成検査の現場との間に壁が存在し，完成検査の現場においては補助検査員による完成検査の実施が常態化していたにもかかわらず，各車両工場の管理者層及び日産本社がその実態を把握できず，また，その原因の一端となった完成検査員不足という事実に気付くことができなかったと考えられる。係長及び工長を始めとする完成検査員は，車両工場幹部に対して，完成検査員の人員が不十分である実態を直接訴えることはなく，また，日産本社による内部監査に際しても，補助検査員による完成検査実施の事実を隠している。与えられた人員を前提に，現場でやりくりをしなければならないという考え方が存在していたのではないかと思われる。

日産自動車では，伝統的に，車両工場の自立性が尊重され，現場の一人一人の従業員が幅広い工程・作業に習熟し，主体的に考え，業務を改善していくという文化が尊ばれてきた。この文化が，日産における良質なものづくりを支えてきた。他方で，このような文化が，車両工場は，日産本社から与えられた課題や目標を何としてでも達成しなければならない，現場の従業員は，上司から与えられた課題や目標を何としてでも達成しなければならない，といった発想を生み出すとすれば，問題を引き起こしかねない。

工場の自立性を重んじ，一人一人の従業員の創意工夫を評価する文化は，日産を支えてきた力の源泉であることは疑いようがない。他方で，その文化が，問題や課題の解決を車両工場や現場の従業員に委ねる考え方を生み出した可能性は否定できない。そして，そのような考え方が，車両工場の完成検査の現場と管理者層の間に壁を作り出す原因の一つとなった可能性がある。

(5) IHI[注5)]

IHIにおいて無資格者による部品検査や品質データの改ざんが生じた要因・背景としては,

①業務拡大，業務量の増加に応じた検査員の育成・増員計画がなされないまま，現状の人員で作業・検査を実施し，納期を優先した。

②現場において安全意識やコンプライアンス意識が働かなかった。

③検査スタンプの管理が不十分であった。

④検査現場におけるOJT指導に関してルールが分かりづらいために解釈の幅が生じた。

⑤作業記録書の記述の方法が不明確であった。

⑥同じ組織内に検査員と作業員が所属しているため，両者の間の独立性が十分に担保されなかった。

⑦検査記録電算システムにおいて記録の入力が煩雑だった。また，システムの応答が遅かった。

さらに，過去に社内において改善の機会があったにもかかわらず，見過ごされ，必要な措置が講じられなかった事実に対する要因・背景としては,

①経営層まで情報が共有されず，必要な要因分析や再発防止策を講じていなかった。

②過去に受けた厳重注意及び業務改善勧告が生かされなかった。

③検査職場における検査員と中間管理職員のコミュニケーションが不足していた。

④経営層や管理職員が現場の実態を直視せず，現場力への過度な期待があった。

ことが指摘された。

4. 再発防止策

ここでは，各社の調査報告書に記載されて提案されている再発防止策についてまとめる。

（1） 神戸製鋼所[注1)]

3節の（1）の原因分析に基づいて，品質データの改ざんや捏造に対する再発防止策として，①ガバナンス面－品質ガバナンス体制の構築，②マネジメント面－品質マネジメントの徹底，③プロセス面－品質管理プロセスの強化，④アルミ・銅事業部門における対策の実行計画，が提案された。

ガバナンス面では，グループ企業理念の浸透，取締役会のあり方の見直し，リスク管理体制の見直し，事業部門の組織再編，グループ会社の再編，事業部門間の人事ローテーションの実施，現場で生じる諸問題の掌握，品質憲章の制定，品質保証体制の見直し，事業管理指標の見直しが提案された。

マネジメント面では，品質マネジメントの対策，品質保証担当人材のローテーションと育成，品質に係る社内教育，本社による支援策が提案された。

プロセス面では，試験・検査データの不適切な取り扱い機会の排除及び出荷基準の一本化，工程能力の把握と活用（素材系），新規受注の際の承認プロセスの見直し，製造プロセス変更時の承認プロセスの見直し，設備投資における品質リスクアセスメントの推進が提案された。

（2） 東レ[注2)]

東レハイブリッドコード及び東レが策定した再発防止策としては，

①品質保証室長の交代及び組織変更
②検査成績表作成フローの見直し
③コンプライアンス意識改革
④東レハイブリッドコード社内の品質管理の強化
⑤品質の安定化
⑥品質監査
が指摘された。

一方，将来に向けての提言として，
①グループ全体における品質保証コンプライアンスの強化
②策定された再発防止策の確実な実行
③顧客への報告に関する方針等の整理
の３点が指摘された。これを受けて，東レグループ国内外255社のデータを取り扱う社員や管理監督者約１万人を対象に不正の有無が調査された。2018年３月30日に公表された調査結果では，「法令違反や顧客の製品の安全性に影響がある事案はなかった」とされ，有識者委員会は調査方法や結果を妥当と評価した。

（3） 三菱マテリアル[注3)]

三菱マテリアルに関する事案は，再発防止策が立案・実施されても，それが必ずしも効果を発揮せず，より根本的な対応策が必要となる場合があることを示している。

三菱アルミニウムにおいて品質試験データの書き換えや検査の不実施や不備が続いていたことに対する再発防止策としては，品質保証の重要性の再確認と全社的な品質保証体制の再構築，契約違反に対する危機感の醸成，企業価値の向上が利益を生むという意識の醸成，従業員一人一人が三菱アルミニウムの企業としての使命と自らの仕事の意味を考える企業風土の醸成，企業と企業集団としての意識を持つ必要性が提案された。

また，ダイヤメットにおいて最終検査の不実施，後追い実施，不適合品流出の放置，検査成績表の書き換えが継続していたことに対する再発防止策としては，工程能力に見合った受注及び技術部門の強化による工程能力の向上，生産能力に見合った受注，品質保証体制の再構築，検査設備の自動化，検査人員・検査能力の増強，適正な在庫量の管理による納期のプレッシャーの軽減，経営陣から従業員に至るまでの品質に対する意識改革の徹底が指摘された。

(4) 日産自動車[注4)]

恒久的な再発防止策として，以下が提案されている。

①完成検査制度に関する意識の改革

日産の各車両工場において，補助検査員及び作業員等による完成検査が長年にわたって行われてきた大きな原因は，そもそも日産本社関係者及び車両工場幹部において，完成検査制度に関する意識が薄い点にあったと考えられる。

②ユーザー目線の再認識

ユーザーは，自動車に自らの命を預けているので，検査のプロセスに不備があったと聞いただけでも，不安や恐怖を覚えるはずである。日産の全役職員は，これまで以上に，ユーザー目線に立ったものづくりを意識することが求められよう。

③現場の実態に即した明確な基準の策定及び徹底

日産自動車の完成検査関連基準全般が，現場の実態に即した規程となっているか，多義的な解釈の余地を残さない明確なものとなっているかを確認することが急務である。この見直しは，日産本社において，今一度完成検査の意義，重要性を反芻し，認識を高めるという観点からも有益である。さらに，完成検査においては，型式指定の申請者である日産本社自身が，法令を遵守し，現場に遵守させる責任を負うことを再認識し，基準が現場でどのように運用されているかを常時把握する必要がある。変化する現場の実情を把握し，必要に応じて完成検査に係る基準書を改訂することを可能とする仕組みを整えることが重要である。

④管理者層と現場との距離感の改善

日産の管理者層は，現場の完成検査員の多くが，日産の管理者層との間に距離を感じている事実を直視する必要があり，その上で，自らが何をすべきか検討する必要がある。

⑤書類の管理に関する適切なルールの策定及びその徹底

完成検査業務において，どのような書類を作成するべきか，改めて整理をした上で，作成すべき書類の種類，作成方法，保管方法及び保管期限につき明確なルールを作成する必要がある。

(5) IHI[注5)]

IHIも過去に起こった品質問題を活かしきれず，最終検査の不実施，後追い実施，不適合品流出の放置，検査成績表の書き換えが継続していたことに対してより抜本的な再発防止策が求められた。

①安全意識の再徹底及びコンプライアンス教育の実施

②安全管理体制の抜本的見直し

③業務実施体制の見直し

④ルールの新設・変更の際に，形式的なルール周知にとどまらず，存在意義・趣旨に立ち返った説明を徹底すること

⑤検査部門に対して，生産性・効率性とは独立した評価基準を設定する

ことで，検査部門の独立性を担保すること

⑥瑞穂工場において，各部門・組織のトップが中間マネジメント層を巻き込む形で，職場の風土改善に取り組むこと

⑦外部機関との折衝において，十分かつ健全なコミュニケーションを尽くすこと

⑧ IHI の技術者として抱くべき健全な責任感について改めて定義し直すこと

5．品質に関する不適切行為の根本原因

以上の５つの企業の事案をもとに，品質検査データの改ざんや捏造，無資格者による品質検査や必要な検査工程の不実などが起こる原因について考察を深める。

３節で様々な原因や背景が列挙されているが，これを突き詰めていくと，ディレンマ状況と品質に対する意識あるいは倫理観の低下が本質的な原因と考えることができる。

（1）　ディレンマ

生産現場では，コストの削減，品質の追求，納期の向上，柔軟性など異なる目的が追求される。その中には両立が困難なものがあり，品質とコスト，品質と納期，品質と柔軟性のいずれを優先すべきかについて悩むような状況が生まれることがある。５つの企業の事案についても，しばしばコスト低減あるいは収益を優先すべきであるという圧力，納期遵守でとにかく出荷を優先すべしという圧力，顧客ニーズに合わせて新しい製品を開発し，生産を立ち上げることを優先しようとする性向があったことが窺える記述が散見される。このような悩ましいディレンマ状況に追い込まれた現場の担当者の中には，品質よりもコストや納期を優先

表11-2　各社の事例の要約

企業名	不適切行為の内容	主要原因	主な再発防止策
神戸製鋼所	検査結果を改ざん，捏造し，不適合品を出荷	①収益偏重の経営と不十分な組織体制 ②品質コンプライアンス意識の低下 ③バランスを欠いた工場運営 ④不十分な品質管理手続き	①品質ガバナンス体制の構築 ②品質マネジメントの徹底 ③品質プロセスの強化
東レ	検査データを書き換えて出荷	①品質保証に対する経営層の関心が薄く，現状把握を怠った ②不正を見抜く体制づくり，不正ができない仕組みづくりを怠った ③測定装置の保守管理が不十分	①品質保証コンプライアンスの強化 ②品質管理の強化と品質監査 ③顧客への報告に関する方針等の整理
三菱マテリアル	①品質試験データの書き換え ②検査の不実施と不備	①強い縦割り意識等を含む企業風土 ②規格遵守に対する意識の低さ ③受注と納期偏重の姿勢 ④従来慣行への安易な依拠	①品質に対する意識改革の徹底 ②全社的な品質保証体制の再構築 ③企業の使命と仕事の意味を考える企業風土の醸成 ④契約違反に関する危機感の醸成
日産自動車	①完成検査員以外による完成検査 ②完成検査員名義印鑑の貸与	①現場と管理者層の距離 ②完成検査員不足 ③完成検査制度に関する規範意識の鈍麻 ④任命・教育基準書と実態の乖離 ⑤完成検査票変更基準の不備	①管理者層と現場との距離感の改善 ②完成検査制度に対する意識改革 ③ユーザ目線の再認識 ④現場の実態に即した明確な基準の策定
IHI	①無資格者による部品の検査 ②作業記録書の検査実施日を改ざん	①現場，中間管理職員，経営層の間の情報共有とコミュニケーションの不足 ②安全意識，コンプライアンス意識の低下 ③検査員の育成・増員計画なしで，納期を優先 ④現場力への過度な期待	①安全意識の再徹底 ②コンプライアンス教育の実施 ③安全管理体制の抜本的見直し ④職場の風土改善 ⑤十分かつ健全なコミュニケーションに尽力 ⑥業務実施体制の見直し

した行為を選ばざるを得ないという結論に達するものが現れてしまうのは無理からぬところがある。これらの行為が法令や基準に違反していることを明確に認識している場合もあるが，法令違反とまでは言えないケースもあり，長期間にわたって担当者に引き継がれてきた不適切行為もある。

このようなディレンマ状況を解消することは難しいことではあるが，まずは品質優先に立ち戻ることが肝要ということで再発防止策が提案されるのが常套手段である。工程能力を上げることによって，納期を改善し，コスト低減を図るという道筋への回帰である。ただし，それによってディレンマ状況を有効に解消できなければ，いずれまた品質への配慮を怠った行為が再発する可能性も消えない。すなわち，生産現場において，品質問題がなくなることはない。

（2）　品質に対する意識あるいは倫理観の欠如

品質問題に終わりがないとすると，企業にとっては2つの異なる対応が考えられる。まずは，品質重視を貫くことであり，それを強調する企業も多い。他方，品質管理の様々な手法やツールを導入し，自らの品質マネジメント・システムを構築してJISやISO認証も受けているので，品質への取り組みはすでに十分であり，現行システムを継続していくことにより，品質問題に対応できると考える企業もある。そのような企業の中には，品質マネジメントの取り組みが次第に形骸化し，品質に対する意識が薄れがちになってしまうような状態に陥り，それが不適切行為に繋がっていくことが考えられる。

このような状況に対する再発防止策も品質重視に立ち返ることが常套ではあるが，同時に，生産現場における技術者倫理の確立に訴えかけ，不適切行為に対する内部告発制度を整備することも考慮されるべきであろう。国際エンジニアリング連合（International Engineering Alliance），世界工学団体連盟（World Federation of Engineering）[注6]，米国のプロフェッショナル・エンジニアの団体であるNational Society of Professional Engineers[注7]などの倫理綱領の中には，他のエンジニアなどが非合法的なあるいは非論理的な技術に関する決定や実践を行った場合，それを自らが所属する協会や適切な機関に通告しなければならないといった規定がある。

また，品質に対する基本的なアプローチの見直しも考えなければならないであろう。検査によって不良品を見つけ出し，工程作業をやり直すか，それが不可能であれば廃棄するという，検査重視の品質管理を採用している企業は多い。工程作業のリワークにしても，廃棄処分にしても，費用が発生し，コストセンターとしての工場の業績に悪影響を及ぼす。大ロットで生産した製品がすべて不良品となり，廃棄処分となると，損害額も相当に上る。責任追及や懲戒処分といった問題に発展しかねないため，現場から工場長までのあらゆるレベルで，この事実を隠蔽しようとする誘因が働いてしまう可能性がある。不適切行為が発覚せずに長く続けられていたのは，そのような背景があったのかもしれない。このような場合，不良品の責任追及ではなく，その根本的な原因を一丸となって追究し，見つかった原因を完全に取り除くことに注力する予防重視の品質アプローチを確立することが必要となろう。個々の工場内の取り組みではなく，トップマネジメントのリーダーシップのもとにTQMの原点に戻ることが，企業倫理の確立のための一手段と考えられる。

〉〉注

注１）株式会社神戸製鋼所（2018）「当社グループにおける不適切行為に関する報告書」を参照。

注２）株式会社東レ有識者委員会（2017）「調査報告書」を参照。

注３）西村あさひ法律事務所（2018）「調査報告書（三菱アルミニウム株式会社における不適切事象及び子会社管理上の問題点に関して）（ダイヤメット任型工場における焼結製品の品質管理体制の実態について）」を参照。

注４）西村あさひ法律事務所（2017）「調査報告書（車両製造工場における不適切な完成検査の実施について）」を参照。

注５）株式会社 IHI（2019）「整備作業等の適正な実施に向けた是正措置について」を参照。

注６）WFEO Model Code of Ethics を参照。

注７）NSPE Code of Ethics を参照。

《学習のヒント》

1．本章で取り上げた企業の調査報告書を吟味して，再発防止策の有効性について考えてみよう。

2．本章では取り上げなかった企業の不適切行為に関する調査報告書を検索して，その原因について考えてみよう。

参考文献

Michael Davis（1998）*Thinking like an Engineer: Studies in the Ethics of a Profession*, Oxford University Press

NSPE Code of Ethics <https://www.nspe.org/resources/ethics/code-ethics>

Oliver A. Johnson（1994）*Ethics: Selections from Classical and Contemporary Writers*, 7th edition, Harcourt Brace College Publishers

WFEO Model Code of Ethics <https://www.wfeo.org/wp-content/uploads/code_of_ethics/ WFEO_MODEL_CODE_OF_ETHICS.pdf>

株式会社 IHI（2019）整備作業等の適正な実施に向けた是正措置について <https://www.ihi.co.jp/var/ezwebin_site/storage/original/application/3e614761253fac48078560610a1b910a.pdf>
株式会社神戸製鋼所（2018）当社グループにおける不適切行為に関する報告書 <https://www.kobelco.co.jp/releases/files/20180306_report.pdf>
株式会社東レ有識者委員会（2017）調査報告書 <https://www.toray.co.jp/news/fiber/20171227.pdf>
西村あさひ法律事務所（2017）調査報告書（車両製造工場における不適切な完成検査の実施について）<https://www.nissan-shatai.co.jp/NEWS/PDF/20180926_report_asahi.pdf>
西村あさひ法律事務所（2018）調査報告書（三菱アルミニウム株式会社における不適切事象及び子会社管理上の問題点に関して）（ダイヤメット任型工場における焼結製品の品質管理体制の実態について）<https://www.mmc.co.jp/corporate/ja/news/press/2018/pdf/18-0328a.pdf>
札野順編集（2005）『新しい時代の技術者倫理』放送大学教育振興会

12　企業倫理と内部統制

齋藤正章

《目標＆ポイント》　企業倫理とは，企業行動とそれを実現する企業内における人間の行動に関して，意思決定の根幹とすべきもので，自然人の倫理にあたるものと考えられる。企業がその倫理から逸脱した時に不祥事が生じる。その原因と対策について内部統制の観点から考察する。
《キーワード》　コンプライアンス，法令遵守，倫理規範順守，不正・不祥事，PDCA マネジメントプロセス，統制環境

1．企業倫理とその背景

企業倫理（Business Ethics）とは何か。吉森（2007）によれば，「社会的に望まれ，期待される企業行動，ないし排除すべきとされる企業行動を規定する暗黙ないし成文化された基準」と定義される。

この定義を裏読みすると，社会的に望まれない・期待されない企業行動や排除すべきとされる企業行動が現実には横行しているので，それをしてはならないというのが企業倫理ということになる。事実，企業における違法行為，不正，不祥事などが跡を絶たない。製品やサービスの品質を偽ったり，不正な会計情報を公表したり，インサイダー取引をしたり，あるいは顧客情報を漏えいさせてしまったりと，様々な事件が次々と起こっている。なぜ，こうした事態が繰り返されるのであろうか。なぜ，企業は過去の事例を教訓とすることができないのであろうか。こうした事件が起きるたびに，コンプライアンスやコーポレートガバナンスといった言葉が耳目を集めるようになっている。

意図的に行われる違法行為や不正は，何らかの予防策を講じれば防げるのではないかと考えることもできるが，実際には同じような違法行為や不正が繰り返される。万全の備えがなされていたはずであるのに，事件や事故を防ぐことができなかったケースも少なくない。残念ながら，不正や事故を完全になくすことはおろか，それらのリスクをゼロにすることもできない。しかし，そうしたリスクが起こりにくい環境を整備・維持したり，万が一そうしたリスクが発生した場合であってもその影響を緩和したりすることはできるのではないだろうか。

本章では，企業の経営目標の達成を阻害するばかりか，場合によっては企業の存続をも危うくするような不正リスクの対処を企業倫理の観点から検討することにする。

2. 企業倫理とコンプライアンス

企業倫理に関してしばしば用いられている用語にコンプライアンス（compliance）がある。米国では主として，法令遵守の意味で使用される用語であるが，わが国では２つの意味で使用されているようである。一つは米国と同じく法令遵守（legal compliance）であり，具体的には会社法をはじめ金融商品取引法，税法，上場規則や規制に関する各種法令などさまざまな法規の遵守を意味する。もう一つは倫理規範順守（ethical compliance）であり，企業倫理や行動規範を意味する（図表12-１）。

コンプライアンスを法令遵守と捉える場合，企業にとってコンプライアンスは事業を営む上で最低限の前提要件となる。企業経営に際しては，様々な法律や規則による規制を受けることになる。こうした法令等を守ることは当然のことであり，コンプライアンス違反とならないためには，業務が法令に違反していないかどうかを確認する必要がある。

また，コンプライアンスを法令遵守と捉える場合には，コンプライア

図表12-1　コンプライアンスの意義

法令遵守	法令を遵守すること。法令に違反しない限り何をしてもよいという考え方になる。
倫理規範順守	法令を遵守するだけでは十分ではなく，法令の背後にある倫理的・社会的要請に応じることが重要である。法的責任が生じる問題に限らず，社会的要請に反した行動を取ったことに対して社会的批判を受けることがあると考える。

ンス自体が，経営意思決定の問題となることはない。なぜなら，健全に運営されている企業において，違法行為を敢えて実行することはないと考えられるからである。

ただし，法令を遵守するだけでは不十分なこともある。なぜなら，法令は未来のあらゆる事象に対して書き下ろすことが出来ないからである。例えば，2010（平成22）年に札幌市のグループホームで火災が発生し，死者７人，負傷者２人の大惨事となった。防火対策はというと，スプリンクラーの設置義務は延べ面積275㎡以上であるが，このグループホームは２階建木造，延べ面積248㎡であったため，スプリンクラーは設置されていなかった。つまり，法令には違反していなかったのである。

これに対して，コンプライアンスを法令遵守にとどまらず，倫理的・社会的要請に適合することであると理解すると，法令で規定されていなくても，十分な準備をすべきだという姿勢が生まれる。倫理的・社会的要請を積極的に汲み取り，こうした要請にどう対応するかを経営上の問題として認識する必要がある。法令違反や非倫理的な行為があれば社会からの厳しい批判に晒されるであろうし，社会的要請にも反することとなり，社会からの支持を失うことにもなる。結果として，当該企業は十分な活動成果を上げることができなくなり，場合によっては存続さえ危うくなってしまうのである。

したがって，具体的な対応策を打ち出すことが，重要な経営意思決定の問題となる。いわゆる企業倫理や企業の社会的責任（CSR）といった，広範な問題を意識した企業経営が要求されるのである。

3. コンプライアンスと内部統制

コンプライアンスを満たすために，内部統制と呼ばれる仕組みが企業内に構築され，運用されなければならない。事実，金融商品取引法は上場会社に対して，「財務報告に係る内部統制」に関する内部統制報告制度を導入している。一方，会社法は大会社である取締役会設置会社の場合については内部統制システムの構築に関する事項を取締役会において決定しなければならないことを義務づけ，また，会社法施行規則は監査役会（監査役）に対して取締役会の上記の決定について「相当性の判断」を求めている。

このような法制化の背景には，企業経営の実態についての十分な開示，リスク管理を基礎に置いた経営，市場の視点からみた新しい企業会計のあり方への要請があげられる。そして，経営者がこうした要請に適切な経営判断のもとに対応することが，株主や債権者，従業員，取引先，顧客等を経営の失敗から守ることになる。その一方で，内部統制は，新たなコスト負担を企業に課することになり，悩みの種となっているのも事実である。

内部統制とは，一般的に，経営者が企業における経営目的を有効に，そして効率的に遂行するために設定した企業活動を統制するための仕組みであると定義される。内部統制をさらに厳密に定義すれば，次の3つで構成される経営の仕組みとして説明することができる。第一に，企業活動の遂行に関連して企業資源の利用と保全が適切かつ効率的に行われるようにする。第二に，会計記録の作成が正確に，そして財務報告が利害関係者にとって信頼あるものとして行われるようにする。第三に，法令・規則の順守が図られていることについての合理的な保証を得るために，経営者が企業内に設定した経営管理のための正式な制度・組織と，それらを有効に機能させる上で必要な手続，諸規定を編成する。

内部統制の確立および維持の責任は経営者にある。その目的は，適正な財務諸表を作成し，法規の遵守をはかり，会社の資産を保全し，そして会社の事業活動を効率的に遂行することにある。

4. PDCA マネジメントプロセスと内部統制

業種や規模を問わず，いかなる企業においても，事業活動は，計画（Plan:P）→実行（Do:D）→監視（Check:C）→是正措置（Action:A）と呼ばれる一連の業務の流れを通じて行われる（図表12-2）。

この業務の流れ（サイクル）を PDCA マネジメントプロセスという。競争市場において企業が所定の事業目標を達成するには，限られた経営資源を有効に，効率的に費消することが求められる。そのためには，経営計画を作成し，それに基づいて業務活動を実施し，その結果を評価・検討し，問題があれば是正しあるいは次期の経営に反映させていく，というプロセスが最低限必要である。PDCA として表現されるマネジメ

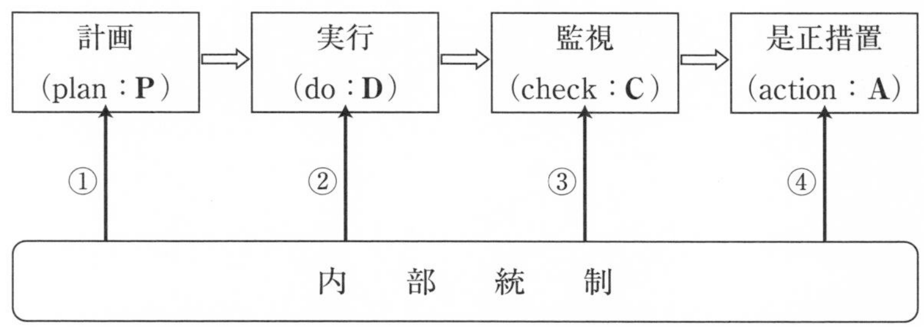

図表12-2　PDCA マネジメントプロセスと内部統制

ントプロセスは，業務管理者が関与する日常的な業務現場のレベルだけでなく，経営管理者が中心的に関与する日常的な事業経営管理のレベルにおいて，さらには経営者が主として関与する企業戦略のレベルにおいても確保されている必要がある。重要なことは，PDCA が存在しているということではなく，PDCA の機能を発揮するために，どのような仕組みがそこに組み込まれ，かつ，どのようにそれが運用されているかである。内部統制は PDCA の機能を支援するという関係にある。

したがって，マネジメントプロセス自体が内部統制ではない。問題は，どのような仕組みを設定し，それをマネジメントプロセスの各段階に組み込めば，マネジメントプロセスが全体として有効に，そして適切に機能するかなのである。この仕組みこそが内部統制に他ならない。したがって，経営の失敗や業務の失敗が不幸にも表面化した場合には，それはマネジメントプロセスが適切に機能しなかったこと，すなわち，そこに組み込まれていた内部統制が有効に機能しなかった可能性があることを強く示唆しているのである。健全な企業経営は，マネジメントプロセスと内部統制とが一体となって機能して初めて達成可能なのである。

5. 内部統制の構成要素

内部統制を理解するためには内部統制の構成要素の理解が欠かせない。内部統制の構成要素は『COSO 報告書』によれば，

・統制環境
・リスクの評価
・統制活動
・情報と伝達
・監視活動

の 5 つから構成される（わが国の内部統制基準では，これに IT への対

応を加えて6つとしている）。これを図で表すと次のようになる（図表12- 3）。

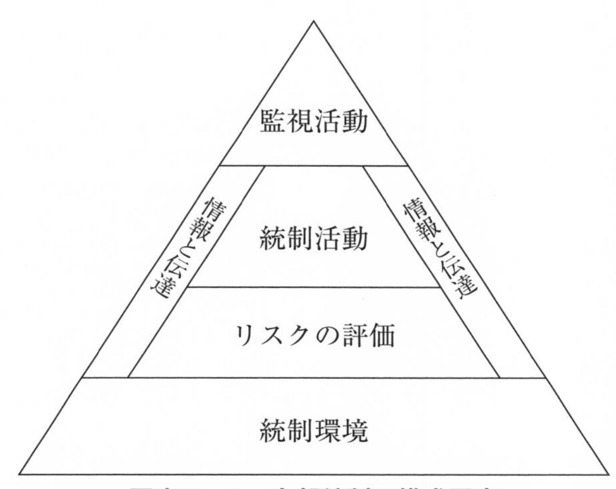

図表12- 3　内部統制の構成要素

各構成要素の説明は以下の通りである。

統制環境	・企業文化や気風，または企業風土や企業環境のことを指す。これらは，適切な内部統制の大前提となる。 ・統制環境の要素には，目に見えない企業文化だけでなく，組織構造や権限と責任の割当なども含まれている。 ・その中でも最重要の要素は，企業文化に重要な影響を及ぼす経営者の姿勢（誠実性や倫理的価値観）である。
情報と伝達	・組織のメンバー間で業務の実施・管理，統制に必要な情報の収集・交換を行うために，必要な情報が適時に共有される仕組みをいう。 ・統制環境の整備やリスクの評価においても重要な要素となる。

リスクの評価	・企業が直面するリスクを認識，分析し，優先順位をつけることである。 ・特に重要なポイントは，何が一番重要なリスクであるかを見極めることで，そのリスクが発生する可能性や頻度を評価することが重要である。 ・企業全体のレベルのリスクとなりうる要因は，大きく分けて「外部要因」と「内部要因」がある。
統制活動	・評価されたリスクをコントロールするために，各階層や役職などに限定されることなく，組織全体を通じて行われ，経営者の命令が実行されていることを保証するために役立つ方針の策定ならびに具体的な手続のことをいう。
監視活動	・内部統制が現時点で有効に機能しているかを評価するためにモニタリングを実施することである。 ・モニタリングには，大きく分けて「日常のモニタリング」と「独立した評価」がある。

図表12-3は，上から見る見方と下から見る見方があるが，現代における内部統制は下から見るのが正解である。まず，一番重視されるのが，「統制環境」である。これは，一言でいえば，「価値観を共有する」ということである。「よい組織にはその組織特有の言葉がある」と言われるが，これは組織のメンバー間で価値観が共有されていることを示している。

「すべきこととしてはならないこと」を共有することによって，足並みが揃い，次の「リスクの評価」におけるリスクの洗い出しも時間的に容易になる。「統制環境」を支えるために必要なのが「情報と伝達」である。これはコミュニケーション能力である。同じ言語を使っているから，伝わっていると思ったら大間違いである。とりわけ経営者は，倫理的価値観を持ち，それを丁寧に根気強く社員に伝える義務がある。良き経営者のもとに整備された内部統制があって初めて企業倫理が機能するのである。

《学習のヒント》

1．高い企業倫理を持っていると思われる企業を上げ，なぜ高いと感じられるのかを調べてみよう。
2．PDCA はその仕組みを入れるだけではうまくいかないことが多い。その原因を考えてみよう。
3．自身の所属する組織（家庭，学校，職場等）の統制環境について調べ，価値観を共有する工夫や程度について書き出してみよう。

参考文献

吉森　賢『企業統治と企業倫理』放送大学教育振興会，2007年。

Committee of Sponsoring Organizations of the Treadway Commission［COSO］, *Internal Control-Integrated Framework*（Jersey City, NJ:AICPA, 1992 and 1994. 鳥羽至英・八田進二・高田敏文共訳『内部統制の統合的枠組み理論編・ツール編』白桃書房，1996。）

13 経営者の倫理

齋藤正章

《目標＆ポイント》 前章で述べた内部統制制度の充実から従業員の不正は生じにくくなっている。その一方で，独善的なルール変更による経営者不正が目立つようになっている。企業経営に求められる経営者の倫理とは何か，そもそも経営者に倫理は必要なのか，必要であるのに備わっていない場合はどうすべきなのかについて考察する。
《キーワード》 コーポレートガバナンス，ブラック企業，不正のトライアングル，機会主義的行動，監査制度，三方よし，渋沢栄一

1．コーポレートガバナンスとブラック企業

前章では，内部統制とその構成要素について説明した（図表12-３）。そこでは三角形の上からの内部統制も存在する。それは，威圧や恐怖による管理である。監視をし，上から抑える経営であり，その組織にしか通用しない論理・価値観をかざして，組織メンバーにそれを威圧や恐怖によって植え付けるのである。この場合も内部統制は効いているが，黒いものでも上が白と言ったら白になるので，社会的には認められない行為を社員が働いてしまうこともある。これはもはや内部統制の問題ではなく，そうした内部統制の仕組みを敷いた経営者の責任ということになる。これをコーポレートガバナンスの問題という。コーポレートガバナンスには様々な定義があるが，内部統制との関わりで重要なのは「経営者を交代させる仕組み」である。前章５節の統制環境の項にもあったように，企業経営では経営者の姿勢（誠実性や倫理的価値観）が良いこと

が求められる。逆にそれが劣る経営者ならばすぐに交代しなくてはならない。それが出来る企業はガバナンスが効いているといい，威圧や恐怖による誤った内部統制も一時的なものになる。逆に問題が生じているのに経営者がなかなか交代しない企業は，かなり深刻な問題を抱えていることの証左になり，そうした企業をブラック企業と呼ぶのである。

2. 不正のトライアングル

不都合や問題が起こるとき，そこには何らかの原因があったり，いくつかの要因が複合的に作用したりするものである。不正を引き起こす要因を説明したモデルとして，米国の組織犯罪研究者のクレッシー（Donald Ray Cressey）が，1953年に出版した“*Other People's Money: A Study in the Social Psychology of Embezzlement*”のなかで「不正のトライアングル」を提唱した。著書のタイトルにもあるように不正が起こるのは「他人の金」に対してである。自身のお金は不正のしようがない。

「不正のトライアングル」モデル（図表13-１）では，「動機」，「機

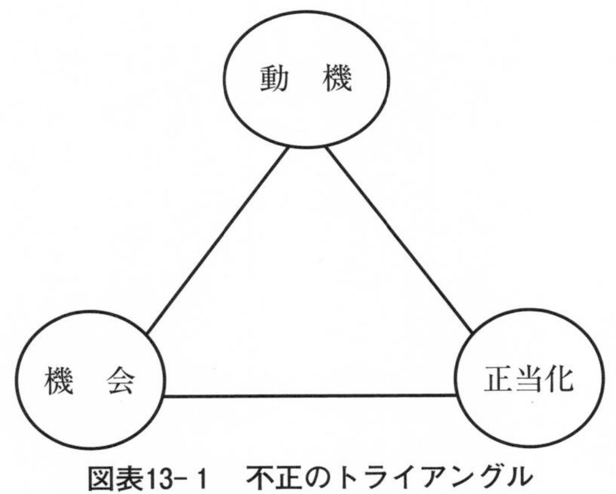

図表13-１　不正のトライアングル

会」，および「正当化」という3つの要因が同時に揃うと，善良な者でも犯罪者になりうるということを指摘している。

もちろん，これらが同時に揃うと必ず不正が行われるというわけではないが，不正発生のリスクが非常に大きくなるということがいえるだろう。また，これら3つの要因は「不正リスク要因」であるといえる。

①動機

経営者が不正を犯す「動機」または「プレッシャー」として，例えば図表13-2に示すようなものが考えられる。不正のトライアングルは，従業員にも当てはまるので，併記することにする。

例えば，上場企業などの場合，投資家からの期待が株価に表れ，それに報酬が連動する仕組みになっていると，経営者は投資家の期待に応えることで株価を上昇させ，高額の報酬を得たいと考えるだろう。そのために経営者に対して正当な努力を促すのが業績連動型報酬の本来の趣旨なのだが，期待に応えられるほど業績が伸びず，株価も上がらない場合には，経営者は決算数値を操作，いわゆる粉飾をすることによって業績の偽装を図るかもしれない。

また，従業員による不正は，多くの場合，現金や商品・製品など会社財産の横領や着服といった形で行われる。生活費や遊興費として個人的

図表13-2　動機またはプレッシャー

経営者	従業員
・過当な競争 ・急激な環境変化 ・投資家等からの過度の期待 ・財務制限条項の存在 ・業績連動型報酬制度　など	・多額の個人債務 ・リストラの公表・予想 ・給与体系の大幅な変更 ・昇進や昇給など処遇に対する不満　など

に多額の借金を抱えている場合，会社の現金を横領して返済に充てるといった不正が行われる恐れがある。

②機会

経営者および従業員が不正を許す「機会」として，例えば図表13-3に示すようなものが考えられる。

極めて複雑な取引や会計上の見積もりには，経営者による実質的な判断を伴うことがある。このような場合，経営者が恣意的な判断を行うことによって，自らの不正を偽装することが可能となる。

また，従業員が多額の手許現金を管理している場合や宝石・貴金属のような小型で高額な商品を取り扱っている場合には，内部けん制が十分に働いていないと従業員に横領や着服の機会を与えることになる。

図表13-3　機会

経営者	従業員
・関連当事者間取引 ・取引上の立場 ・異常・複雑な取引 ・重要な会計上の見積 ・タックスヘイブン　など	・多額の手許現金 ・小型・高額商品の取扱 ・職務分掌・内部けん制の不備 ・従業員の採用手続きの不備 ・IT 化された記録へのアクセス制限の不備　など

③正当化

「動機」があって，「機会」がある。その時にブレーキを掛けられるかどうか。しかし，少なくない経営者や従業員が不正に手を染めてしまう。その時に働く心理が「正当化」である。日頃から不正を許さないという企業倫理が徹底されていないと，不正の抑止が難しくなる。正当化

図表13-４　正当化

経営者	従業員
・不適切な経営理念・企業倫理 ・会計方針への介入 ・株価・利益に対する異常な関心 ・経営者のモラル ・内部統制の不備を放置　など	・経営側による監視活動の不備 ・内部統制の不備を放置 ・処遇に対する不満 ・少額の窃盗の容認　など

を許す原因として図表13-４の項目があげられる。

経営者が不正または違法な手段を用いてでも利益を上げることを要求するような姿勢を示せば，企業全体が違法や不正を許容ないし正当化する文化を醸成してしまう。

また，企業の監視活動や内部統制における不備が放置されていると，従業員は十分な管理が行われていれば自分は不正を犯さなかったといった都合のよい言い訳をするかもしれないのである。

以上をまとめると，動機：「今期の経営成績が悪い，どうしよう」，機会「そうだ奥の手（コンプライアンス違反）があった」，正当化「仕方がなかったんだ。みんながやっているじゃないか」という流れである。したがって，機会を極力つぶしておくことが重要になる。また，機会を利用した逸脱行為を機会主義的行動という。

3．コーポレートガバナンスと監査

近年の傾向として内部通報による不祥事の発覚が増えてきているが，こうした方法によらず，「経営陣を常に監視し，時には刷新を促していくためのメカニズム」はないのであろうか。実は，そのメカニズムこそコーポレートガバナンスなのである。

監査制度もコーポレートガバナンスを支える一つの柱である。監査には，法令によって実施が義務づけられている監査がある。こうした監査は「法定監査」と呼ばれている。金融商品取引法（以下「金商法」という）に基づく公認会計士監査や，会社法による監査役（会）または監査委員会の監査などがその代表例である。

（1）　公認会計士監査

わが国では，金商法が，上場会社に対して特別の利害関係のない公認会計士または監査法人（以下「公認会計士等」という）による財務諸表の監査証明を受けることを義務づけている（金商法第193条の２）。上場会社は公認会計士等に財務諸表の監査（会計監査）を依頼し，依頼を受けた公認会計士等は会社と監査契約を結んで監査人となり，財務諸表の監査を実施するのである。公認会計士等の監査は，会計情報の信頼性を保証することを目的として実施される。

公認会計士監査の最大の特徴は，それが職業的専門家である公認会計士等によって実施される会計監査（財務諸表の監査）だという点にある。

会社の不祥事があると，「会計士が監査しているはずなのに」と言われるが，上述のように公認会計士等が監査しているのはあくまで財務諸表であり，経営者をはじめとする取締役会を監査しているのではない。この認識のズレは，監査ギャップとよばれる。

（2）　監査役（会）／監査委員会監査

会社法は，株式会社を規模によって大会社とそれ以外の会社に区分している。大会社とは，資本金５億円以上または負債総額200億円以上の株式会社をいう。そして，大会社である公開会社については，監査機関として監査役会か監査委員会のいずれかを設置するものとし，いずれを採用した場合でも，公認会計士等を資格要件とする会計監査人の設置が義務となる。

監査役会の構成員の半数以上は，社外監査役でなければならない。ここで，社外監査役とは，過去にその会社または子会社の取締役，支配人その他使用人等となったことがない者をいう。また，監査委員会は取締役会の中に設けられる委員会で，構成員の過半数が社外取締役でなければならない。ここで，社外取締役とは，現在その会社または子会社の業務執行取締役，執行役，支配人その他使用人ではなく，かつ，過去にこれら職になかった者をいう。

監査役の監査は取締役の職務の執行を（会社法第381条第１項），監査委員会の監査は取締役及び執行役の職務の執行を（同法第404条第１項）それぞれ対象とする。

監査役や監査委員会（以下，「監査役等」という）の監査は，会社の債権者や株主の利益を保護するために，取締役や執行役が誠実に職務を執行しているかどうかを確かめることを目的としている。このため，取締役等の職務執行に違法なもの，会社の定款に違反するもの，あるいは著しく不当なものなどがないかを検証するのである。

取締役や執行役の職務には，会社の運営に関わるあらゆる業務が含まれるが，通常，監査役等の監査は「業務監査」と「会計監査」とに区別される。

このうち，監査役等は，主として業務監査を行うものとされている。実施に当たって高度な専門的能力を要求される会計監査（会計情報の監査）は，一義的には会計監査人によって実施され，監査役等は会計監査人による監査の結果および方法の相当性を評価することになる（会社法施行規則第155条，第156条および第157条）。

金商法の財務諸表の監査や会社法の会計監査人監査が，監査人の資格要件を公認会計士等の職業的専門家に限定しているのに対して，監査役や監査委員会の委員については特別な資格要件は定められていない。ただし，監査の独立性を確保するために，社外監査役ないし社外取締役の選任が要求されている。

4. 三方よしと渋沢栄一

当然のことながら，経営者は利益を追求するために何をしてもいいというわけではない。行動規範としてそれを戒める先人たちの知恵がある。

「三方よし」とは，商売にあたって「買い手よし，売り手よし，世間よし」とする近江商人の哲学とされている。その根本にある考え方が，「信用」である。自らの利益のみを求めるのではなく，買い手が喜ぶ商売をして信用を得，商いを大きくしていく。商いが大きくなったら，橋や学校を建て，社会に還元していく。江戸から明治の時代にすでに持続可能性を達成していたのである。第14章で紹介されるSDGsの「経済的成長」とはこのことを指していると考えられる。

また，渋沢栄一（1840－1931）も『論語と算盤』を著し，道徳にもとづいた経営（道徳経済合一説）を志向し，自らも多大なる社会貢献活動を行った。

いくら制度を巧みに作っても，経営者にブレーキを掛けられるのは経営者自身しかいない。経済活動以外の経営者の資質が問われる所以である。

《学習のヒント》

1. 不祥事を起こした企業の経営者がその責任を取って即辞めるべきだと考えられるときでも，辞任まで時間がかかることがある。それはなぜか，考えてみよう。
2. 報道される事件や身近な事例を不正のトライアングル・モデルに当

てはめて整理してみよう。

3．古今東西の名経営者と呼ばれる人を調べ，なぜそう言われるのかについてまとめてみよう。

参考文献

渋沢栄一『現代語訳　論語と算盤』ちくま新書，2010年。
齋藤正章・蟹江章『改訂版　現代の内部監査』放送大学教育振興会，2021年。
松原隆一郎『荘直温伝　忘却の町高梁と松山庄家の九百年』吉備人出版，2020年。
吉森賢・齋藤正章『コーポレートガバナンス』放送大学教育振興会，2009年。

14 経営と倫理的指標～社会的責任，持続可能性の視点から～

原田順子

《目標＆ポイント》 現代の企業経営においては，経済的指標（収益性，規模，ROE，成長性等）に加えて，社会的指標（社会的公正性，環境への配慮，倫理性に基づいた企業活動）も重視されるようになってきた。また一般の消費者が企業の社会的指標に関心を向ける傾向があらわれ，倫理配慮型の市場が生れた。本章では，こうした動向について関連する指標を含めて学習する。
《キーワード》 企業の社会的責任（CSR），ESG（環境・社会・ガバナンス）投資，持続可能な開発目標（SDGs），エシカル消費・倫理配慮型の市場

1．企業と倫理～社会的責任，持続可能性の視点から～

社会に有用な価値を生むビジネスには倫理観と知力をふまえた行動力が不可欠であると実務家の鈴木（2018）は論じている。倫理観を欠いた知力は単なる悪知恵になり下がり，考える前に決断する経営者は会社を迷走させ，考える前に行動する従業員は徒労を繰り返すのみだからである（鈴木，2018，p.149）。わが国では高度経済成長期に企業の社会的責任を厳しく問わなければならない公害問題が発生し，今も後遺症に苦しむ人がいる。私たちは企業倫理の重要性を忘れてはならない。

企業倫理に影響を及ぼすものには，個別の倫理的意思決定と行動のほか，業界団体・企業団体・経営者団体等による自主規制，行政による公的規制もある（松本・佐久間，2015）。そして経済活動のグローバル化が進む今日においては，世界的な潮流が国内の企業経営にも影響を与え

ている。

現代では企業倫理に対する目が厳しくなり，情報は瞬時に世界に広まる。社会の反発を招けば，消費者の反感，企業イメージ悪化，不買運動，マスコミやNGOからの批判，労働組合からの問題提起等につながる可能性がある。企業活動がグローバル化するなか，他国にある「取引先の取引先」などサプライチェーン（原材料調達から販売までの供給工程，supply chain）の問題も看過できなくなってきた。児童労働（パームやカカオの収穫，縫製工場，鉱物採掘等における報告がみられた）や環境破壊は，私たちが日常的に利用する物の製造過程に深く関わっているかもしれない。国内法遵守でビジネスを行うだけでは企業倫理を満たすとは必ずしもいえない場合がある。

今日では，社会的責任，持続可能性という倫理的な姿勢をアピールしたり，経営に反映させたりする動きが拡大している。たとえば農産物商社のオラム・インターナショナル（シンガポール）は，かつてアフリカのガボンにおける農園開発が環境破壊であると環境団体から責められた。同社は社会的責任を重視して，2024年までに，ゴム，木材製品，肥料など環境への影響が大きい事業から撤退することを決めた（日本経済新聞，2019a）。

企業は様々な立場の多様な人々・組織等と関係を持ちながらビジネスを継続する。単純化して考えると，資金調達，物やサービスの生産，販売という流れのなかで，出資者，取引企業，労働者，労働組合，顧客等と深く関わる。また行政機関，格付け機関，報道機関（広報活動）等の特定の機能をもつ組織，さらに地域社会，消費者団体，環境保護団体等と良好な関係を維持することも重要である。このように企業の利害関係者（ステークホルダー，stakeholder）は幅広く存在する。

企業が利益を生むには商品（物やサービス）が市場競争力を有してい

ることが必要である。企業活動を通じて経済的産出である商品（物やサービス）と非経済的産出（廃棄物・水質汚濁・騒音等の環境への影響，業界や地域における人的ネットワーク，労使関係，名声等）が生じる（森本，1994)。近年，企業は非経済的産出のコントロールを意識して経営することが求められている。

企業は各方面のステークホルダーに対しても企業の社会的責任（Corporate Social Responsibility, CSR）を果たすべしとする認識は一般化している（松本・佐久間，2015)。ただし企業の本文が経済活動であることは当然であり，CSR の範囲について絶対的な尺度を示すことは難しい。この点について森本（1994）は次のように述べている。すなわち，企業にとって最も基本的な法的責任が満たされることを前提に，経済的責任を果たし，それが満たされたら制度的責任（コーポレート・ガバナンス，環境マネジメントの ISO 認証等)，社会貢献（文化やスポーツ支援などの企業メセナ，途上国援助等）という図14-１のような階層（順序）が存在する。

会社が CSR をどこまでカバーするかは企業体力とも関連するであろう。芸術支援のような高次元の事柄を実施する大企業がある一方で，中

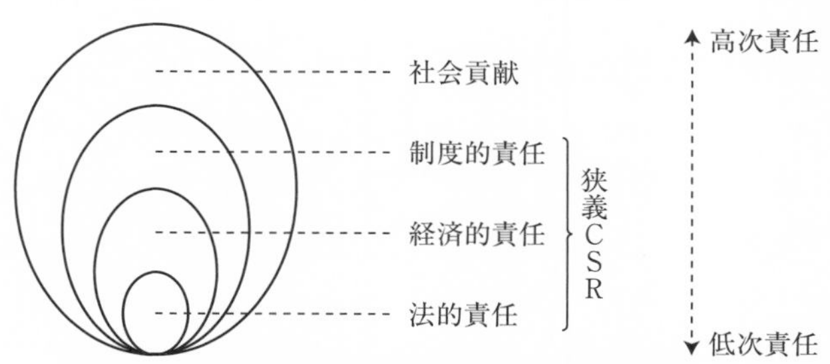

図14-１　CSR の「組織欲求階層」構造

出典：森本三男（1994)『企業社会責任の経営学的研究』白桃書房，p.318。

小企業がもっぱら法的・経済的責任を主な守備範囲とする例もあり得る（森本，1994)。注目すべきは，図14-1における各責任の範囲が時代と共に変化する点である。法改正によって法的責任は拡大する傾向がみられる。また，近年では従来の経済的指標（収益性，規模，ROE，成長性等）のみならず社会的指標（社会的公正性，環境への配慮，倫理性に基づいた企業活動）が，企業を評価するうえで重要になってきた（佐々木，2007)。さらに，一般の消費者のなかにも企業の社会的指標に関心を向ける人々が出現している。環境にやさしい商品，環境や人権に配慮したフェアトレード等，近年では倫理配慮型の市場が生じているのである。

また社会的指標が機関投資家の投資基準となり，経済的指標に直接的に影響を与えるという関係性があらわれてきた。企業が経済的指標の上昇を図ることは従来から必要であるが，現代では，それに加えて社会的価値を高めることも企業価値の持続的な向上につながると考えられるのである（佐々木，2007)。次節以降，これらの面について深く考えて行く。

2. 社会的指標と経営

本節では世界的な潮流であるESG投資（環境Environmental・社会Social・ガバナンスGovernanceの課題を組みこんだ投資手法）について背景を含め理解を深める。企業の倫理的行動の周囲には多くの要素が相互に関連しながら存在しているが，梅津（2002，p.132）は以下のように各要素を整理している。ビジネス倫理の促進・支援制度には，①企業内制度，②民間支援制度，③公的支援制度があると分析される。最初に①企業内制度を解説すると，コーポレート・ガバナンスの整備，コンプライアンスの強化，ヴァリュー・シェアリングの浸透（企業理念，行動原則等）が含まれる。次に，多岐にわたる②民間支援制度を説明したい。例をあげると，業界別行動憲章の制定（自治的アプローチ），倫理的企業評価・格付けシステム（評価的アプローチ），倫理的投資システム（市場的アプローチ），専門職の倫理教育強化（教育的アプローチ），企業情報開示の促進（広報的アプローチ），NGO・市民団体による監視（市民運動的アプローチ）等である。最後に③公的支援制度であるが，関連法令の制定等の立法的アプローチ，行政による監督や検査等の行政的アプローチ，罰金や内部告発等の司法的アプローチがあげられる（梅津，2002，p.132）。

商品（物やサービス）の価値は品質や機能という要素と密接に結びついているが，市場における企業評価については社会的指標の影響を見逃すことができない。前節で述べたように，社会的指標が機関投資家の投資基準となって，経済的指標に影響を及ぼすという関係が生じているからである。次に，先述の「評価的アプローチ」と「市場的アプローチ」に該当するESG投資について解説する。

ESG投資は，2006年に国際連合のアナン事務総長が機関投資家に対してESGを考慮して投資する責任投資原則（Principles for Responsible Investment，PRI）を提唱したことで世界に広まった。現在では，ESG対応が市場における企業評価に影響を与えるといえよう。

それ以前のわが国においては，1999年にあらわれた「環境問題への取り組みが進んだ企業に投資することで，優れた投資収益の獲得を目指す」エコファンドがあった（足達，2017）。当時，日本のESG投資の主な顧客は個人であり，欧米で年金基金などの機関投資家がESG投資の主役であることと対照的だった（足達，2017）。その後，2013年に日本政府は外国人投資家による株式投資を促進することを決め，翌2014年２月に金融庁が非財務面（投資先企業のガバナンス，社会・環境問題に関するリスク等）の状況も把握すべきとする「スチュワードシップ・コード」（責任ある機関投資家の諸原則）を定めた（足達，2017）。

一方，欧州理事会は大企業に対して社会的責任投資という非財務情報の開示に関する指令を2014年に承認し，事業体は方針を開示しない場合は理由を説明しなければならないこととなった。非財務情報のうちESGのG（ガバナンス）に関しては，人権の尊重，腐敗防止，贈収賄などに関する説明が必要であるとされた。人権の尊重に関連する例としてイギリスの現代奴隷法（UK Modern Slavery Act 2015）を紹介しよう。イギリス国内の一定規模の営利団体・企業は，自社の事業活動とサプライチェーン（外国を含む）において現代奴隷（人々が奴隷状態または隷属状態を強要されるといった拘束労働，児童労働，強制労働等）と人身取引について年次報告を公開することが義務付けられた。これを追って，オーストラリアにおいても連邦現代奴隷法（Modern Slavery Act 2018）が制定されている。

わが国では2015年６月，金融庁と東京証券取引所を中心にまとめられたコーポレートガバナンス・コードで中長期的な企業価値の創出がうたわれ，①株主の権利・平等性の確保，②株主以外のステークホルダーとの適切な協働，③適切な情報開示と透明性の確保（リスクやガバナンスにかかる情報等の「非財務情報」の開示を含む），④取締役会等の責務，⑤株主との対話が掲げられた（東京証券取引所，2018）。さらに2015年９月，世界有数の機関投資家である日本の年金基金（年金積立金管理運用独立行政法人，Government Pension Investment Fund，GPIF）が国連責任投資原則（2006年から国連環境計画と国連グローバル・コンパクトが推進しているPrinciples for Responsible Investment，PRI）に署名し，2017年から公的年金の運用基準にESG評価が組み込まれた。

このように各国においてESG配慮の要請が嵩じており，グローバル

表14-1　年金積立金管理運用独立行政法人（GPIF）が採用するESG指数

総合型指数　合計　約1.1兆円 ・FTSE Blossom Japan Index（国内株） ・MSCIジャパンESGセレクト・リーダーズ指数（国内株）
テーマ指数 【E環境】合計　約1.2兆円 ・S&P/JPX カーボンエフィシェント指数 ・S&P グローバル大中型株カーボンエフィシェント指数（外国株） 【S社会】3,884億円 ・MSCI日本株女性活躍指数（愛称「WIN」） 【Gガバナンス】現在採用なし。

注：【E環境】は2018年8月末時点。その他は2018年3月末時点。
出典：年金積立金管理運用独立行政法人（2018）『採用ESG指数一覧』より筆者作成。

企業のみならず，取引先の中小企業もESGに関連する情報開示を求められる例があらわれるようになった。わが国の年金積立金管理運用独立行政法人（GPIF）が投資業務において採用するESG指数は，表14-1に見られるように，総合型指数とテーマ指数に区分される。テーマ指数であるカーボン・エフィシェント指数は環境（ESGのE = Environmental）に，女性活躍指数は社会（ESGのS = Social）に対応するものである。

またESG投資に関心をもつ個人投資家は，ESGに配慮する企業へ投資する投資信託を購入したり，各企業が公開する情報をもとに購入する株式を選択したりすることで，企業の社会的指標（例：ESG）に反応することができる。

海外におけるESG投資の影響は日本以上に勢いを増している。ロンドン金属取引所は2022年の規制強化（生産過程で児童労働があったり，環境を破壊したりした商品を排除する）に向けて，サステナビリティ

（持続可能性）に関する情報開示要請を強めている（日本経済新聞，2020a）。さらに，機関投資家は企業のESG対応によって投資を決定したり（ポジティブスクリーニング），除外したり（ネガティブスクリーニング）するばかりでなく，株主総会の議決権行使の判断基準ともする動きもみられる（日本経済新聞社，2020b）。ノルウェー政府年金基金は兵器，たばこ，石炭など，彼らが生み出したくないと思う製品を製造する企業，倫理的に擁護が難しい企業，30年ほど先の持続可能性が高いとは思えない企業には投資しないと決めている（日本経済新聞，2020c）。

なお，ESGはSDGs（持続可能な開発目標，Sustainable Development Goals）と深く結びついている。持続可能な開発という概念は，1987年に国際連合に設置された「環境と開発に関する世界委員会」（ブルントラント委員会）の報告書にさかのぼる。2015年の国際連合サミットは「持続可能な開発のための2030アジェンダ」を採択したが，SDGsはその分野別の目標を示している。そしてSDGsの目標およびターゲット，技術指標は，ESG投資のための情報（評価すべき事項，公開すべき事項）と対応しているのである（沖，2018）。

3. エシカル消費・倫理配慮型の市場

最後に，エシカル（倫理的，ethical）消費および倫理配慮型の市場について解説する。消費者庁（2017）によると，エシカル消費とは人や社会・環境に配慮した消費行動である。企業側からは，エシカル消費に敏感な消費者に好まれたり，アピールしたりするモノやサービスを提供する動きがみられる。

例をあげると，海洋のプラスチックごみを再利用した容器を利用したシャンプーが欧州で（米P&G社），スキンケア商品が米国等で（英蘭ユニリーバ社）販売された（日本経済新聞，2019b）。また食品ロス削減を掲げるビジネスでは，スマートフォンのアプリを利用して余った食品（店，企業）と欲しい人（安く買いたい人等）をマッチングすることで食品ロス削減を図るOlio（イギリス），FoodCloud（アイルランド），Too Good To Go（デンマーク），Karma（スウェーデン）等の企業があらわれ，事業を拡大している。ファッションの世界でも，人工皮革や再生素材によるエシカルファッションへの意識が高まってきている。

国内外に実に様々なエシカル消費がみられる。地産地消，被災地産品の応援消費，障がい者支援につながる消費，フェアトレード商品，寄付付き商品，エコ商品，リサイクル製品，資源保護等に関する認証付商品（森林保全，海洋資源の保全）の消費，地域の伝統品の消費，動物福祉につながる消費（例：イルカに配慮した漁により製造されたツナ缶）等が知られている（消費者庁，2017）。

現在，エシカル商品の指標として多様な認証（例：環境ラベル，フェアトレード認証ラベル等）が存在している。環境ラベルの嚆矢は1978年からドイツ政府によって運用される環境認証Blauer Engel（ブルーエンジェル）であると認知されている。わが国においても，最も身近なものは環境に関する認証であろう。試しに「環境省，環境ラベル等」で検索をしてみると，この種の認証が数多くあることがわかる。環境ラベルは，①第三者認証により合格/不合格が判定されるもの（例：エコマーク），②事業者の自己宣言によるもの，③定量的製品環境負荷データを開示するが合格/不合格の判定はされていないもの，に分類することができる（経済産業省，2018）。

エシカル商品（物やサービス）を取り扱う事業者は，①サプライチェーン（供給工程）の透明性向上，②差別化による新たな競争力の創出，③利害関係者からの信頼感/イメージの向上（資本市場での事業者の評価向上）を期待できる（消費者庁，2017）。他方の消費者は，倫理的に自分の物差しに合う「物を買うこと」「サービスを利用すること」で社会的インパクトを生み出すことが可能である。また，「その商品を買わない」「そのサービスを利用しない」という選択（ボイコット）をすれば，お金が無い人でも自分の意思を社会に示すことができる。子どもの教育現場で3R（Reduce ごみを減らす，Reuse 再使用，Recycle リサイクル）が教えられていることからも，倫理や持続可能性に敏感な消費者は増加していくと考えられる（レジ袋を断るなどRefuseを加え4Rということもある）。エシカル消費および倫理配慮型の市場は，社会に浸透してきている。

《学習のヒント》

1．あなたの住む地域の中小企業でSDGsに積極的に取り組んでいる会社をみつけ，その取り組みがどのような効果をもたらすか考えましょう。
2．フェアトレードの認証を1つとりあげて，その認証を取得する利益と費用について調べましょう。

参考文献

足達英一郎（2017）「日本のESG投資の現状と今後の展望」<https://www.oecc.or.jp/wp-content/uploads/2017/08/005_日本のESG投資_足達先生.pdf>（2020年1月31日検索）。

梅津光弘（2002）『ビジネスの倫理学』丸善出版。

沖大幹（2018）「2030年のSDGs達成とBeyond SDGsに向けて」，『SDGsの基礎』第6章，事業構想大学院大学出版部。

経済産業省（2018）『国際的な環境ラベル制度の動向分析』<https://www.meti.go.jp/policy/recycle/main/data/research/h18fy/180605-3_jema-mri/180605-3_3.pdf>（2020年1月31日検索）。

佐々木弘（2007）「良き「企業市民」としての企業」，佐々木弘・奥林康司・原田順子編著『経営学入門：現代企業を理解するために』第14章，放送大学教育振興会。

消費者庁（2017）『「倫理的消費」調査研究会取りまとめ：あなたの消費が世界の未来を変える』
<https://www.caa.go.jp/policies/policy/consumer_education/consumer_education/ethical_study_group/pdf/region_index13_170419_0002.pdf>（2020年1月31日検索）。

鈴木孝嗣（2018）『外資系企業で働く：人事から見た日本企業との違いと生き抜く知恵』労働新聞社。

東京証券取引所（2018）「コーポレートガバナンス・コード」
<https://www.jpx.co.jp/equities/listing/cg/>（2020年2月15日検索）。

日本経済新聞（2019a）「環境配慮，ゴムや木材撤退：農産物商社大手オラム」2019年2月2日朝刊，p.11。

日本経済新聞（2019b）「P&G，海洋プラから容器：漂着多い日本に照準」2019年11月7日朝刊，p.16。

日本経済新聞（2020a）「英金属取引所にESGの波：LME生産過程の規制厳しく」2020年1月31日朝刊，p.7。

日本経済新聞（2020b）「議決権行使 ESG基準に」2020年2月23日朝刊，p.2。

日本経済新聞（2020c）「50年先見てESG投資：ノルウェー政府年金基金CEO」2020年1月29日朝刊，p.7。

年金積立金管理運用独立行政法人（2018）『採用ESG指数一覧』
<https://www.gpif.go.jp/topics/グローバル環境株式指数を選定しました.pdf>（2020年2月15日検索）。

松本芳男・佐久間信夫（2015）「企業の社会的責任（CSR）と企業倫理」，日本経営協会監修『経営学検定試験公式テキスト①経営学の基本』第4章，第5版，中央経済社。

森本三男（1994）『企業社会責任の経営学的研究』白桃書房。

渡辺龍也（2017）「欧州調査のまとめ」，消費者庁『海外における倫理的消費の動向等に関する調査報告書』
<https://www.caa.go.jp/policies/policy/consumer_education/consumer_education/ethical_study_group/pdf/160331_1.pdf>（2020年1月31日検索）。

15 経済社会の仕組みと各章の位置づけ

松原隆一郎

《目標＆ポイント》 第２章では政治哲学における倫理の理解について紹介したが，本書は各章でこれまで，より広く社会科学全般において倫理がどうとらえられるかを解説してきた。本章では市場との関係，コモンズの悲劇，不確実性，法の下にない存在といった視点から，それらの全体的な位置づけについて考えてみよう。

《キーワード》 法の下の自由，功利主義，リベラリズム，コミュニタリアニズム，パレート最適，無知のヴェール，コモンズの悲劇，不確実性，法の下にない倫理

1．３つの正義論

第２章「社会科学における倫理」において，倫理が社会科学において注目されるのは，慣行や規制が大幅に解除され，様々な領域で個人に自由が認められるようになった近代以降のことだと述べた。近代以前の日本は，たとえば命を賭けて「イエ」の名誉を守るのが武士の本義というように，倫理的過ぎる社会であった。といってもそれは武士の全員に課された宿命であって，みずから選び取る行動方針ではなかった。人文学に属する文化人類学や歴史学が考察の対象とする近代以前の倫理とは異なり，社会科学が対象とする倫理は，いかなる価値も各人が自由に選べるにもかかわらず，それでもなお自己規制しなければならないときの，その基準である。

それは言い換えれば，近代社会の基本原理である「法の下の自由」に

おいて，「法」の根底にある倫理とは何かを考えることでもある。そこで第２章では，政治哲学の分野で唱えられてきた三つの倫理基準を紹介した。本章では，さらに経済学の展開を踏まえて，これらの三つの基準がどう対立したのかを見ていこう。第一はJ. ベンサムが提示した「功利主義」で，人々がそれぞれに何らかの幸福（満足，効用）を得ているとき，社会における効用の総和をなるべく大きくなるようにすべし（最大多数の最大幸福）というものである。功利主義は新古典派経済学が政策立案の方針として彫琢し，総効用を総余剰と解釈して，総余剰を最大化させる政策を採るべきとした。その際，個人が得る幸福は，各人について計測しうるのみならず，他人のそれと足し合わせることも可能な「基数的効用」と仮定している。

ところが基数的効用を前提に総効用の最大化をあるべき所得分配の方針とすると，所得の完全平等がもっとも望ましいことになる（A. C. ピグー）。限界効用が低減するならば，同じ一円から得られる満足は高所得者よりも低所得者の方が大きいから，総効用を増やすには高所得者が低所得者に所得を譲らねばならない。けれどもこれは直感的にも奇妙な方針だ。勤労が自由である近代社会においては，より大きな所得を得ようとする個人の自由や，それに向けて努力する人格の尊厳が保障されるはずだからだ。

そう批判するのが第二の立場である「リベラリズム」で，個人による選択の自由を重視する。その極端なものには第２章では触れなかった「リバタリアニズム」（自由至上主義）があり，いかに格差が大きくとも所得について一切の再分配を認めない。けれども市場競争の結果が努力や能力だけによるものではなく，多少とも運によるとするならば，格差を是正したり，公共事業への負担を豊かな者により多く課すことには妥当性がある。J. ロールズの『正義論』（1971）はより穏当なリベラリズムとして，格差を是認しつつも適正な範囲に収めることを目指し，「正義の２原理」を唱えた。これは努力し選択する人間の尊厳を擁護しつつ，格差是正に全員が合意するにはどう考えれば良いのかという問いに対するひとつの回答であった。

各人がいかに生きるべきかを自由に構想するとき，それを「善」の追求と呼ぶ。一方，社会は法を用いて「正義」の実現を図る。正義は外面的・物理的な強制をともなう法による命令であり，善は正しい行為と各人が信じる精神的規準と言ってよい。ここでロールズが注目した点がある。人々が利害や信条，社会的地位によって異なる「善」を構想するならば，いずれかの「正義」が満場一致で合意されることは困難になるということだ。

功利主義は最大多数の最大幸福を目指すべきとした。さらに各人の幸福の尺度を基数的効用としたことで，個人にとっての効用を他人の効用と足し合わせることができる，つまり集計が可能とした。全体にとっての総効用の拡大を正義とすると，高所得者は所得の再分配を受け入れるという我慢を強いられる。ロールズは「最大多数の最大幸福」という正義を満たすために個々人が強いられるこの我慢が，満場一致では合意されないとみなしたのである。

実は功利主義の延長線上で展開されている新古典派経済学もこの批判には同意して，ロールズとは異なる代案を出している。それを先に説明すると，新古典派経済学は，基数的効用が効用の「個人間比較」を可能とみなし異なる人の効用を集計するのに異議を唱えて，効用の量的表現を同一人においてのみ意味を持つとする「序数的効用」に置き換えたのである。その上で社会全体にとって目指すべき正義として「パレート最適」の概念を提案した。

パレート最適とは，「ある人の経済状態を悪化させることなしには他の誰の経済状態も改善できない状態」を指す概念である。資源配分がパレート最適状態でないならば，社会に存在する財の量が変わらなくとも各人への配分を変えただけで，他の誰かの効用を悪化させることなく特定の人の経済状態を改善できる。すなわちパレート非最適の資源配分では，財の配分に改善の余地がある。ここで言う「改善」は，基数的な総効用が増加することではない。一方，パレート最適では財が効率的に配分されており，他の人の効用水準を下げない限りある人を有利にはできない。

無差別曲線を用い，２人の消費者について以上を図15-１で説明しよう。消費者 A は X 財を Xa，Y 財を Ya だけ消費している。消費者 B は X 財を Xb，Y 財を Yb だけ消費している。社会に存在する財の量は X 財が Xa + Xb = $\overline{\mathrm{X}}$，Y 財が Ya + Yb = $\overline{\mathrm{Y}}$ で，それぞれ一定の量とする。A にとって効用の水準が一定である点の集合を無差別曲線と呼ぶが，それは原点に向かって凸になる。なぜなら Y 財の消費量が同じ

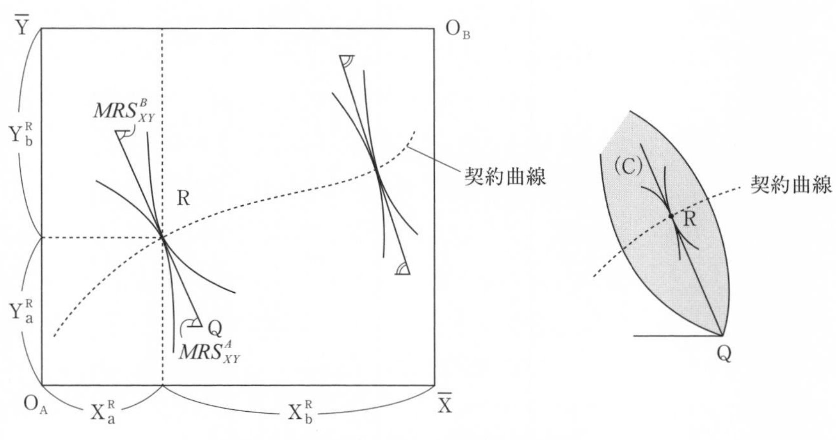

図15-１　ボックス・ダイヤグラム

Ya のままで X 財の消費量 Xa が増えれば効用も増えてしまうから，Xa が増えると Ya は減って無差別曲線は右下がりになる。また同じ財 X をより多く消費すると飽きて満足の増分が減るから，それを穴埋めするための Y は，X の消費量が小さいときよりも大きいときの方が少なくなり凸になる。この無差別曲線上では効用は同じで，より原点から離れた無差別曲線ではより効用が高い。

2 人の無差別曲線が接する点の集合である「契約曲線」上では，パレート最適である。というのも，無差別曲線が交わる点たとえば Q においては，それを通る 2 人の無差別曲線が囲む「弧を合わせた」形状の領域（C）の内側に移動しただけで，A，B の一方もしくは双方の効用が上がるからだ。つまり Q はパレート最適ではない。それに対して無差別曲線が接する点 R から契約曲線以外でどう移動しても，A，B いずれかの効用が下がってしまう。それゆえ契約曲線はパレート最適な状態の集合ということになる。

序数的効用およびパレート最適は，リベラリズムの批判に応えて経済学が洗練した功利主義である。完全平等への再分配は受け入れがたい人でも，Q から R へと双方の効用が上がること，すなわち無駄を省くのには賛成するだろう。それゆえパレート最適は，満場一致で合意される可能性のある正義だ，というのが新古典派経済学の主張になる。

ただしそれにリベラリズムが同意するかといえば，疑問がある。同じ契約曲線上であっても O_A に近い点では B が裕福で A が貧しく，O_B に近いと逆である。契約曲線上はどの点もパレート最適であるから，効率性の観点からはそれ以上選択できない。新古典派経済学は，非効率的な資源配分をパレート最適な資源配分に変えよという経済政策は唱えるが，契約曲線上の 2 点に優劣をつけるのには踏み込まないのである。主体間で利害が対立する格差の是正という「公正」さの追求にはパレート最適以上に強い価値判断が必要になるからで，それは選挙などの政治判断に委ねるとする。こうして経済学はパレート最適という「無駄の排除」を正義に掲げるのであるが，それは契約曲線上のどの所得分配を最適とみなすかというより踏み込んだ正義にかかわる判断を政治に委ねただけ，すなわち学問領域の棲み分けを提案しただけで，分配の正義は論じていないのである。

それに対してロールズは『正義論』で，善にかんする利害が対立する社会において，格差を含みつつも正義を満たす資源配分が満場一致で合意されるための条件を模索した。そこでロールズが提示したのが，人々が支持する善の構想や，どんな階級や性別，民族に属しいかなる政治的意見を抱くか，社会の中でどのような位置にあるのかをまったく知らないという「無知のヴェール」というアイデアだった。全員が「無知のヴェール」をまとっているならば，「正義の２原理」が満場一致で合意されるはずだと唱えたのである。

ところがこうしたリベラリズムの考え方に，正義をめぐる第三の立場であるコミュニタリアニズムから強い反発が寄せられた。みずから選択したことにのみ責任を負い，他人からは信条や宗教を押しつけられてはならない，それがリベラリズムの根底にある発想である。けれども個人が何事にも拘束されず選択し，自分が選択していないことには責任を負わないならば，それは「負荷なき自我」である。そうした自我はコミュニティが共有する歴史や連帯，忠誠とは無縁になる，そうサンデルは批判した（『自由主義と正義の限界』原著1982）[注1)]。私たちが自分の人生を理解できるのは，それをひとつの物語として，自分が登場する以前の物語とともに受け入れるからである。歴史の制約を負うことのない個人は，正義についての合意どころか善を追求することもできない，と言うのだ。

ロールズは，異なる歴史や連帯，忠誠を善として意識する個人が集まる社会においては，全員一致を目指す正義は合意しえないという。それに対してサンデルは，そもそも負荷なき個人から出発するならば，正義の合意どころか善の構想すら誰も抱けないと反論する。ここで疑問が生じる。サンデルのようなコミュニタリアンは，歴史や連帯，忠誠と対立するものとして，「無知のヴェール」を敵視すべきだったのだろうか。

2. コミュニティと「コモンズの悲劇」

ロールズに対するサンデルの批判を端緒とする「リベラル・コミュニタリアン論争」は，1980年代に政治哲学の分野で華々しく繰り広げられた。ところが後になされた総括は，いささか奇妙なものであった。「・・一時代過ぎてしまうと，対立を生み出した熱気のようなものが見えにくくなり，そもそも何が論争を引き起こしたのかはっきりしなくなるということがある」[注2)]と評されたのである。けれどもそれは，「政治哲学」というごく狭い専門分野の文脈だけで倫理を扱おうとしたからではないか。倫理と社会科学の関係は，本書で様々に語られたように，より広い視野から眺めれば別様に語ることが可能である。

「リベラル・コミュニタリアン論争」の焦点が曖昧になってしまったのは，コミュニティにおける歴史や連帯，忠誠が危機に瀕している理由として，ロールズの『正義論』が「無知のヴェール」という仮説を唱えたせいだという批判にサンデルが固執したからではないか。サンデルが下敷きにしているアリストテレス『ニコマコス倫理学』の徳論は，ギリシアの市民社会が経済を奴隷労働に担わせることを暗黙の了解としている。近代においてコミュニティの維持は，市場との関係こそ論じる必要がある。そして資本主義社会においては，「無知であること」が特異な意味を持つ（それについては次項で述べる）。

では，市民みずからが市場で働く近代社会において，コミュニティにおける歴史や連帯，忠誠はいかにして維持されるべきだろうか。功利主義は欲望の多寡をもって社会のあり方を評価するのだから，欲望を原動力とする市場には肯定的である。それに対し欲望を移ろいやすいものとみなすカントの流れを汲むリベラリズムや，中世社会以来の歴史や連帯，忠誠に重きを置くコミュニタリアニズムは，市場を確固としたものとはみなさず規制を求めることも厭わない。

第２章で，功利主義は価格規制が課されない市場活動が最大の効用（総余剰）をもたらすとみなしていることを紹介した。けれども，市場そのものが持続可能であるための条件として，規制が課されることが必要な場合がある。たとえば第９章「知的財産と倫理」によれば，財は技術の進歩とともに有体物から無体物へと大きくその範囲を拡げており，財産権の範囲もそれに併せて知的財産へと拡大しないと市場活動が滞る。企業活動は，産業スパイから知的財産を保護されないと活発化しない。それには倫理に期待するだけでは不十分で，法により規制する必要がある。

生命保険市場では，健康状態について加入者と保険者の間に情報の非対称性があることが知られている。持続可能であるためには，法により告知義務を課す必要がある。第10章の「保険契約における告知義務制度と倫理的視点」は，告知義務にかんして，告知の方法から時期・事項，違反の発生要件から解除権，その阻却から不適用まで，法がいかに展開されていったのかを詳細に追っている。

商品の品質も，生産する企業と消費者との間では非対称的がある。リコール隠し，品質データや試験・検査データの改ざん，食品偽装，賞味期限改ざんなどの不適切行為は円滑な経済取引を著しく阻害するから，倫理によって自制し，法により厳しく取り締まられるべきである。第11

章「生産マネジメントと倫理」は，近年に現れた神戸製鋼所（グループ会社の不適合製品），東レ（検査データ改竄），三菱マテリアル（グループ会社の検査データ改竄），日産自動車（不適切な完成検査），IHI（不適切な整備作業）等の事例を元に，原因と背景，再発防止策について考察している。

一方で，市場活動を持続可能にするにせよ，自由放任まですればコミュニティを大きく変容させることも知られている。日本の江戸時代においては様々な慣行や束縛が存在したが，なかでも大きかったのが，村の共有地としての山林についての「村の掟」である。農民は燃料用の薪や牛馬の飼料となる秣，農耕用の草肥となる草を，共有地である林野で採取していたが，それには厳格な規制が課せられた。誰かが過剰に採取するならば，他の村民の取り分が枯渇してしまうからだ。そうならないよう自己規制させるのが村の掟で，掟は村が運用し，違反者は村八分とされた。そのように共同管理された共有地は「入会」と呼ばれ，林野の薪や秣，草を消費する「入会権」を村から承認される必要があった。

そうした掟は，近代に入り個人の自由が拡がったのちにも「共有地」にかんしては不可欠であるはずだ。自由競争で取り合ったならば，入会の共有資源は乱獲され絶滅してしまうからで，これを「コモンズの悲劇」と言う。幸いにも枯れ草から石炭へとエネルギー源の転換が起きたため，明治時代に入ってから山林にかんして行われた村の掟の解除は，現実には決定的な危機をもたらさなかった。けれども個々人による自由な活動が，なお残る共有地から持続可能性を奪う可能性がなくなったわけではない。その例としては，外洋における漁獲資源の乱獲を挙げることができる[注3)]。つまり近代においても残された「共有地」では，「コモンズの悲劇」は生じうるのである。第7章「環境と倫理」は，1960年代末から注目され始めた地域環境問題（公害）だけでなく，近年になって

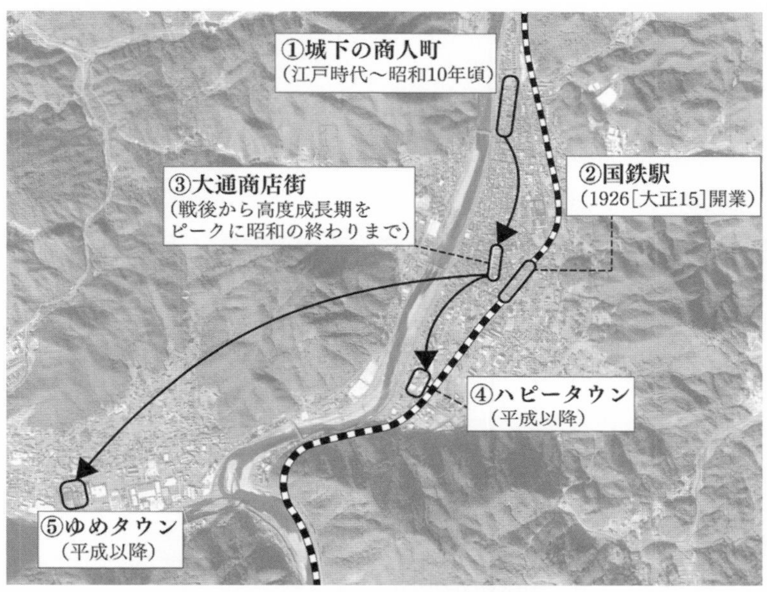

図15-2　町の中心の移動経緯

理解が及ぶようになった地球規模の環境問題まで対象としつつ，自然環境をコモンズととらえ，その保全が可能であるのかを再生可能エネルギーを踏まえつつ論じている。第14章「経営と倫理的指標～社会的責任，持続可能性の視点から～」は，さらに世界的に定着しつつある多様な倫理方針に対し企業や消費がいかに取り組むべきかを論じている。

都市史や都市計画，都市経営といった分野に目をやると，コミュニティの危機は，都市計画という「共有」が適切に市場の置かれる空間的位置を定めないために生じることがある。図15-2で示したのは，関西地方のとある山間部の町が，交通機関の発達に引きずられ，市場の中心を移動させていった経緯である[注4)]。市場が移動することにつき町政はさほど強くは規制（都市計画）を施さなかった。この町は山々に囲まれており，江戸時代までの物流は河川を行き来する高瀬舟が担い，平時において城主が在住する「御根小屋」と高瀬舟の発着所を中心として，商人町が形成されていた（①)。ところが大正時代に激しい誘致合戦を経て山陰地方と山陽地方を連結する鉄道が誘致されると，それまでは畑だった場所に駅が開設され（②)，近くに商店街が形成された（③)。商店街は昭和の高度成長期に隆盛を極め，一方でそれまでの商人町（①）における老舗は，大半が閉店されてしまった。

そして昭和も終わり平成に入ると，自動車での来客が増えていく。それに合わせて商店街を再開発する機運が高まったものの，店舗を所有する住民と，別に住宅を持ち店舗は借りているだけの者との間で意見が分かれた。結果的にずっと南に大きなスーパーを建設して全体の運営は外部資本に任せることになり，商店街の主要な店舗もそちらに開店した（④)。さらに川を隔てた南に工場が誘致され，もう一つのスーパー（⑤）が登場すると，駅前の商店街は3分裂してしまう。それにより，昭和時代には駅前を中心として大きな渦を巻くように移動していた人の流れは分断され，カネの流れも分散した。駅前の一等地にある商店街（③）は，現在では昼間でも闇にまぎれてポツリポツリとしか開店していない巨大なシャッター通りと化してしまった。独居の高齢者はスーパーまでの交通手段を持たず，その町は現在，人口流出に苛まれている[注5)]。住民自身が町を捨てようとしているのだ。

これは日本におけるありふれた地方都市の姿といえよう。何が問題なのだろうか。商店主がどこで開店しどこを閉店するのかは，各自が自由に決めている。外部の資本にしても，利益が得られる場所に資本投下しただけだ。駅前の一等地で商店がシャッターを降ろしたままになるという一種の「コモンズの悲劇」が起きたのである。とするならば，私有地といえ駅前の商店街のように町中の高齢者が徒歩で買い物に来られる土地は，「共有地」とみなして商店街の機能が持続しうるよう都市計画による強い誘導と土地利用規制が課されるべきだっただろう。これは想像で述べているのではない。

ヨーロッパでは1960年代以降，郊外にニュータウンが開発され，都心の過剰人口が移動するという傾向が見られた。背景にあったのはモータリゼーションの進行である。それに対応して大規模店が郊外へ進出してくると，デパートやスーパーが次第に郊外に移転していき，都心が荒廃してしまった。そこまでは日本と同じである。違うのはそれからで，ヨーロッパ諸都市は詳細な都市計画を駆使し，様々な手法で小売店の立地を規制していった。やり方は様々に試行錯誤されたが，共通していたのは中心市街地の全体をショッピング・センターと見立て，個店の配置は土地利用・建設規制により制御する制度を整えた点である[注6)]。それは一括して「都市マーケティング」と呼ばれ，とりわけイタリアの諸都市は，都心の歴史建築物を生かしつつ零細専門店の活性化に成功している。

本書で言えば，第８章「都市環境の保全・再生・創造に関わる職能の倫理」が都市環境の推移について同様の経緯を説明している。大量生産・大量消費を前提とした建築・都市計画運動（メタボリズム）は拡大の限界につきあたり，やがて開発と保全のバランスへと向きを変えて，伝統的な街並み保存が唱えられるようになる。それだけでなく，都市はエネルギー環境としても「アクティブ」から「パッシブ」へと指針を転換して，現在ではエリアマネジメントが検討されている。

もちろん，法によって自由を規制するには，どれだけの規制にするのかも含めて論拠が必要である。論拠にはエビデンスが求められることが多い。第３章の「社会調査と倫理」は社会調査一般にかんして倫理要綱を紹介し，調査は信頼できる方法を採用して，信頼しうる結果を社会に投げ返さねばならないとする。そのためにも，被調査者のプライバシー保護，説明と同意（インフォームド・コンセント）などの配慮が求められている。

3.「無知のヴェール」と資本主義

社会の成員は自分の能力や生活水準にかんする個人情報から全員が遮断されているとロールズがみなした「無知のヴェール」は，サンデルのみならず新古典派の経済学者たちからも批判を被った。「無知のヴェール」が所得の再分配の結果にかんするものだとすれば，それは賭けのようなもので，リスクに対する態度は人により異なる。それゆえリスクを踏まえた期待効用最大化によって最悪の状況を想定し，なるべくその水準を高めようとする「正義の2原理」は，唯一の合意であるとは限らない，といった批判である。

けれどもこの批判は，資本主義経済の現実を論じる上で的外れである。F. ナイトは将来に生起する事象についての推理の型を3種類に分け[注7)]，サイコロを投げて特定の目が出る確率である「先験的確率」，過去に起きた同様の事象の経験的データから予測される「統計的確率」（リスク（risk）），そして一回限りで生起する現象につきまとい「推定」されるだけの「不確実性（uncertainty）」を挙げている。

リスクは雨が降る確率のようなもので，何が起きるのか，頻度ないし確率が過去のデータの蓄積からおおよそ経験的に分かっている。それに対して不確実性は，阪神淡路大震災，東日本大震災，2019年に千葉県を襲った台風15号のように，まったく予期していなかった出来事が起きるとか，頻度が低すぎて確率について確かなことが言えない状況を指す。とはいえ，何が起きるか分からなくても「想定」の限界について想像したり，何かが起きた時に備えることはできる。そうした不確実性について推定することこそが資本主義において企業家に超過利潤をもたらすとするのがナイトの主張であった。リスクは平均的な利潤すなわち正常利潤しかもたらさない。そうだとすれば，統計的なリスクにもとづいた期待値の計算は，資本主義経済において本質的ではない。何が起きるのか分からないという意味での不確実性にいかに対処するのかこそが，企業や政府の役割なのである。

不確実性についての推定は，事前になされる。ロールズは「無知のヴェール」を仮定し，そこからの推定で合理的な社会保障を提案すべく「正義の２原理」を構想したのであるから，事前に無知を仮定したのは自然である。所得が確定してから再分配の仕方を決めるのには抵抗感がある人でも，何が起きるのか想定しがたい不確実な状況にかんして保障される状態を決めておき，自分がどのような所得水準であってもそれを保障するということならば，同意する可能性が高まる。勃発することを誰も予想しない大災害に襲われたとすれば，貧富の差もなく皆が身一つで荒野に投げ出される。多くの人が予想していないという点でのみ平等であり，想定外の悲惨な状況については誰も期待効用を計算できない。そのとき偶然無事だった人が手を差し伸べ，被災者が最低限の生活を保障されるようあらかじめ決めておくことについては，多くの人が合意するであろう。ロールズが述べたのはそうした不確実性に満ちた状況に備えた社会保障だったと思われる。

では，企業が不確実性に立ち向かう場合には，いかなる倫理が求められるか。第12章の「企業倫理と内部統制」は，コンプライアンスを金融商品取引法，税法，上場規則等の「法令遵守」と，企業倫理や行動規範を意味する「倫理規範遵守」とに分けている。不確実性の下では法令は未来にかんするあらゆる事象を書き下ろすことができないため，企業は法以外にも社会からの要請を受け止めるために，PDCA サイクルのようなマネジメントプロセスを従業員間で用いていると述べる。

一方，組織のトップに立ち社会と交流する経営者は，いかなる倫理を持つべきか。第13章「経営者の倫理」は，不正な経営がなされる「ブラック企業」において，経営者の交替が課せられる仕組みを「ガバナンスが効いている」と呼ぶ。監査などがその柱であるが，それでも不正は後を絶たない。不確実な経営環境では不正へと様々な誘因が働くからで，「買い手よし，売り手よし，世間よし」の「三方よし」のような長年受け継がれてきた先人の智恵には，行動規範としていまなお聞くべきところがあると述べる。

4．法の下にない社会的行為にかんする倫理

以上，「法の下の自由」を近代社会の基本原理とみなし，個人に自由を認めるにもかかわらず従うべき倫理について考察してきた。最後に考えてみたいのは，近代社会の基本原理からすれば例外に当たる，「法の下にない」状況における倫理である。

第４章の「国際社会と倫理」は，国家と国家の合間を取り仕切る国際法を論じている。19世紀中葉に近代国際法を理論的に基礎付けした実証主義的国際法論は，国家間で明示的に合意される条約と，黙示的に合意される慣習国際法を国際法の法源とみなしている。近代国際法は様々な局面を踏まえて進化し続け，第２次世界大戦以降には集団安全保障体制を導入，戦争を違法化するという根本的な変革を実現した。さらに国際組織や個人，法人やNGOといった主権国家ではない主体が国際秩序に参加する傾向が確固たるものとなると，環境や経済などの分野では国際協力が拡大し，国際社会全体の共通利益といった概念も生まれてきた。

それにもかかわらず国際法には，国内法と異なった特徴がある。国際社会には統一的な立法機関（「国会」）も執行機関（「政府」）も裁判機関

も存在しないため，国内裁判所のような無条件の強制管轄権が付与されていない。紛争両当事国が同意しなければ，裁判所に付託しようとも裁判を開始することさえできないのである。

そこから，国際法はそもそも法ではないのではないのかという根本的な疑問が生じる。国際社会には，「法の支配」よりも「力による支配」が濃厚である。近年もロシアによるウクライナ危機（クリミア編入）や中国による南シナ海問題（2016年７月12日の南シナ海比中仲裁判断），アメリカによる「トランプ・リスク」(2018年４月のシリア空爆，イラン核合意からの離脱，安全保障問題とリンケージさせた「貿易戦争〔高関税攻勢〕」，中距離核戦力〔INF〕廃棄条約や気候変動枠組条約のパリ協定からの離脱等々）など，大国みずから国際法に挑戦する振る舞いが目立っている。

それにもかかわらず，国際法は一般には守られている。なぜ国家は国際法を守るのだろうか。「力」の強い国家が守ることを求めるからやむをえず守るという以外にも，相手国が守るから自国も守る，長期的で多様な利益を考慮すれば国際法を守るほうが利益に合致しているといった事情がある。そのように力と倫理とが拮抗しているのが国際法なのである。

一方，民主制と「法の支配」が貫徹しているはずの国内においても，超法規的な領域が存在する。日本の現行憲法下において，国民には信教の自由が保障されている。ところが皇室の信仰については，憲法の規定はそのままでは適用されない。つまり皇室には，法の支配が及ばない領域が存在している。それが皇室と宗教との関係である。明治維新以降，新政府は神道をいかに国教化するのか，アマテラスをまつる伊勢神宮を頂点としていかに神社を体系づけるのかといった課題に取り組んだ。第６章「宗教と倫理」はその歴史的経緯を追っている。

天皇は明治時代以降，出雲大社を排除する形で確立された神道の祭祀を皇居において営むようになるが，そうした宮中祭祀は戦後憲法では天皇家の私的行為とされた。ここで興味深いのは，天皇が「万世一系」によりアマテラスから男系でつながり，企業経営的に言うならば一種のガバナンスの対象となっているのとは異なって，皇后は人生の途中で宮中入りするため，信教の自由にほとんど歯止めがかからないことである。たとえば，大正天皇の皇后となった九条節子は筧克彦が唱える神道の体系的教義「神ながらの道」に出会い，日蓮宗から事実上の改宗をして，祭祀に留まらない宗教を神道に見出した。戦中には心から神を崇敬しなければ神罰があたるとし，戦勝をひたすら祈り続けることこそが正しい行いとみなした。戦争が倫理的に正しいかどうか問い直す姿勢など，持ち得なかったのだ。このように国際社会における大国および国内においても皇室は，法によって完全には支配されない領域にある。社会科学は倫理にかんし，いまだ未踏の領域を持つのである。

まとめておこう。近代社会においては，中世までの慣習や規制が撤廃され，法の下の自由が基本原理とされた。けれども近代社会を法のみで支配しうるのか（法の支配）となると，法だけでは支配されない領域が存在することに気づかされる。そこでも何かしらの倫理が作用している（法の支配の外部）。この対立に注目し，縦軸とする。

次に倫理を立場により区別しよう。市場の自由化が進み，まずは功利主義によって支持された。市場活動は欲望（功利・厚生）を拡大するために生まれた制度だからである。ところが倫理の対象として功利主義が欲望だけに注目し，再分配を強く求めるようになると，より多様な価値観に目を向ける立場が現れる。欲望は移ろいやすく偶然や人によっても変わってしまうから，自律的に倫理を選択する個人の尊厳の方を重視すべきとするのがリベラリズム，それとは対立的に自分が選択していないコミュニティの歴史や連帯，忠誠にも人は責任を負うべしとするのがコミュニタリアニズムである。横軸として一方に功利主義（欲望の拡大），他方にリベラリズム・コミュニタリアニズム（欲望拡大以外の倫理）を対置させてみよう。

「法の支配」と「欲望の拡大」が交差する領域は，法によって市場制度を整備しようとするもので，第９章（知的財産），第10章（保険契約），第11章（生産マネジメント）が扱った。「法の支配」と「欲望拡大以外の価値」が交差する領域については，第７章（環境），第８章（都市），第14章（企業と世界）が論じた。「法の支配の外部」と「欲望の拡大」が交差する領域は，第12章（内部統制）と第13章（経営者）が法の想定しえない不確実性に挑む企業倫理につき考察した。最後に「法の支配の外部」と「欲望拡大以外の価値」が交差する超法規的な領域については，第４章（国際社会），第５章（政治），第６章（宗教）を紹介した。

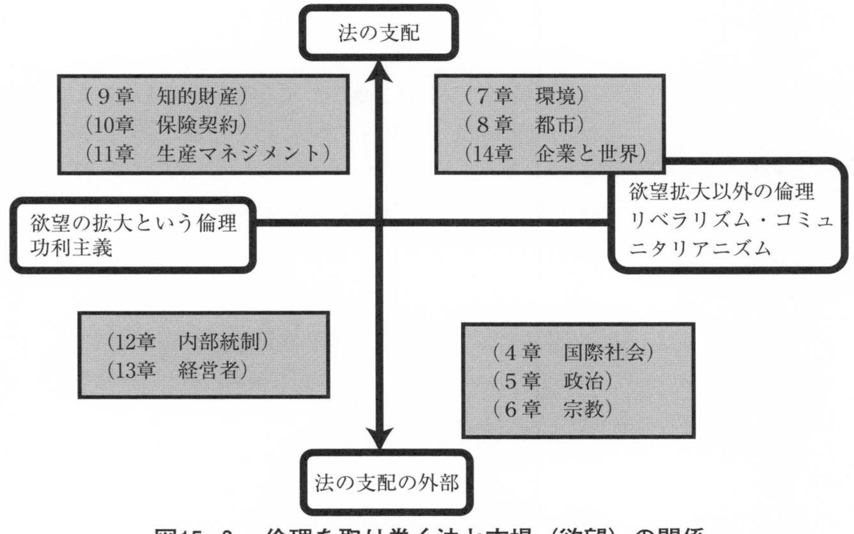

図15-３　倫理を取り巻く法と市場（欲望）の関係

こうした図式化は単純化を含んでおり詳細は各章に任せるが，本書の全体を見通し，社会と産業の倫理を理解するために多少とも役立つならば，編者として幸いである。

〉〉注

注１）より教科書的に正義論を解説したのがSandel, Michael 'Justice: What's the Right Thing to Do？'，2009（『これからの「正義」の話をしよう――いまを生き延びるための哲学』鬼澤忍訳，早川書房，2010）である。

注２）宇野重規「『自由主義―共同体論論争』の行方」『千葉大学法経論集』14-2, 1999

注３）片野歩・阪口功『日本の水産資源管理』（慶應義塾大学出版会，2019）

注４）松原隆一郎著，莊芳枝まえがき『莊直温伝　忘却の町高梁と松山庄家の九百年』（吉備人出版，2020）

注５）この話を鉄道誘致まで追った小説に，石川達三「交通機関に就いての私見」（初出は『改造』昭和14年11月号，『日本文学全集64　石川達三集』集英社，1967）がある。

注６）松原隆一郎『失われた景観』PHP新書，2002，第一章「郊外景観の攻防」参照。宗田好史『にぎわいを呼ぶイタリアのまちづくり』学芸出版社，2000。

注７）Frank Hyneman Knight, "Risk, uncertainty and profit" 1921（『危険・不確実性および利潤』奥隅榮喜訳，現代経済学名著選集６，文雅堂書店，1959）

《学習のヒント》

1.「リベラル・コミュニタリアン論争」について調べ，それがなぜ曖昧な決着しか生まなかったのかを宇野重規論文「『自由主義―共同体論論争』の行方」等を参考に考えてみよう。
2. 経済学においては「市場に規制がなければ価格メカニズムによりパレート最適になる」という厚生経済学の基本定理が重視されている。しかし市場によってコミュニティの存続が危ぶまれることも少なくない。厚生経済学の基本定理と「コモンズの悲劇」の間にはどんな関係があるのか，考えてみよう。
3.「法の下の自由」の概念と，法を超える存在とは，いかなる調停がなされているか。考えてみよう。

参考文献

片野歩・阪口功『日本の水産資源管理』慶應義塾大学出版会，2019
M.サンデル『これからの「正義」の話をしよう――いまを生き延びるための哲学』原著2009，鬼澤忍訳，早川書房，2010
宗田好史『にぎわいを呼ぶイタリアのまちづくり』学芸出版社，2000
F.H.ナイト『危険・不確実性および利潤』原著1921，奥隅榮喜訳，現代経済学名著選集６，文雅堂書店，1959
松原隆一郎『失われた景観』PHP 新書，2002
松原隆一郎著，荘芳枝まえがき『荘直温伝　忘却の町高梁と松山庄家の九百年』吉備人出版，2020

索引

●配列は五十音順，数字・アルファベット順。＊は人名を示す。

●あ行

●か行

●さ行

●た行

●な行

●は行

●ま行

●や行

●ら行

●わ行

●数字，アルファベット

分担執筆者紹介

（執筆の章順）

北川由紀彦（きたがわ・ゆきひこ）

・執筆章→3

1972年　愛知県に生まれる
2003年　東京都立大学大学院社会科学研究科博士課程単位取得退学
現在　放送大学教養学部教授，博士（社会学）
専攻　都市社会学
主な著書　『貧困と社会的排除　福祉社会を蝕むもの』（共著　ミネルヴァ書房，2005年）
『不埒な希望　ホームレス／寄せ場をめぐる社会学』（共著　松籟社，2006年）
『社会的包摂／排除の人類学　開発・難民・福祉』（共著　昭和堂，2014年）
『グローバル化のなかの都市貧困　大都市におけるホームレスの国際比較』（共著　ミネルヴァ書房，2019年）
『移動と定住の社会学』（共著　放送大学教育振興会，2016年）
『都市と地域の社会学』（共著　放送大学教育振興会，2018年）
『社会調査の基礎』（共著　放送大学教育振興会，2019年）

柳原　正治（やなぎはら・まさはる）

・執筆章→4

1952年　富山県宇奈月町（現在，黒部市）に生まれる
1981年　東京大学大学院法学政治学研究科博士課程修了（法学博士）
現在　放送大学教授（九州大学名誉教授）
専攻　国際法，国際法史
主な著書　East Asian and European Perspectives on International Law (Baden-Baden: Nomos, 2004)(co-ed. with Michael Stolleis)
『グロティウス　人と思想〔新装版〕』（清水書院，2014年）
『プラクティス国際法講義〔第3版〕』（信山社，2017年）（共編著）
『安達峰一郎—日本の外交官から世界の裁判官へ』（東京大学出版会，2017年）（共編著）
『法学入門』（放送大学教育振興会，2018年）
『改訂版　国際法』（放送大学教育振興会，2019年）
『世界万国の平和を期して—安達峰一郎著作選』（東京大学出版会，2019年）（編著）

原　武史（はら・たけし）

・執筆章→6

1962年　東京都に生まれる
1992年　東京大学大学院博士課程中退
現在　放送大学教授，明治学院大学名誉教授
専攻　日本政治思想史
主な著書　『昭和天皇』（岩波新書，2008）
『滝山コミューン1974』（講談社文庫，2010）
『増補版　可視化された帝国』（みすず書房，2011）
『大正天皇』（朝日文庫，2015）
『皇后考』（講談社学術文庫，2017）
『平成の終焉』（岩波新書，2019）
『増補新版　レッドアローとスターハウス』（新潮選書，2019）
『「民都」大阪対「帝都」東京』（講談社学術文庫，2020）

迫田　章義（さこだ・あきよし）

・執筆章→7

1955年　京都府に生まれる
1984年　東京大学大学院工学系研究科化学工学専攻博士課程修了
現在　放送大学教授，東京大学名誉教授，工学博士
専攻　環境・化学工学，吸着工学
主な著書　『活性炭』（分担執筆　講談社，1992）
『バイオマス・ニッポン―日本再生に向けて―』（共編著　日刊工業新聞社，2003）
『環境工学（改訂版）』（分担執筆　放送大学教育振興会，2007）
『エネルギーと社会』（共編著　放送大学教育振興会，2015）
『改訂新版　エネルギーと社会』（共編著　放送大学教育振興会，2019）

宮城　俊作（みやぎ・しゅんさく）

・執筆章→8

	京都府宇治市に生まれる
	京都大学大学院博士前期課程修了
	ハーバード大学デザイン学部大学院修了
現在	東京大学大学院工学系研究科教授，博士(農学)(京都大学)
専攻	都市デザイン，景観設計
主な作品	『GINZA SIX GARDEN』（東京都中央区，2018）
	『パッシブタウン黒部』（富山県黒部市，2018）
	『東京ガーデンテラス紀尾井町』（東京都千代田区，2017）
	『飯田橋サクラパーク』（東京都千代田区，2015）
	『JP タワー/KITTE』（東京都千代田区，2013）
	『ザ・キャピトルホテル東急』（東京都千代田区，2011）
主な著書	『ランドスケープの近代』（鹿島出版会，2010）
	『ランドスケープデザインの視座』（学芸出版，2001）

児玉　晴男（こだま・はるお）

・執筆章→9

1952年	埼玉県に生まれる
1976年	早稲田大学理工学部卒業
1978年	早稲田大学大学院理工学研究科博士課程前期修了
1992年	筑波大学大学院修士課程経営・政策科学研究科修了
2001年	東京大学大学院工学系研究科博士課程修了
現在	放送大学教授，博士（学術）（東京大学）
専攻	新領域法学・学習支援システム
主な著書	『先端技術・情報の企業化と法』（共著　文眞堂，2020）
	『知財制度論』（放送大学教育振興会，2020）
	『情報・メディアと法』（放送大学教育振興会，2018）
	『情報メディアの社会技術―知的資源循環と知的財産法制』―（信山社出版，2004）
	『情報メディアの社会システム―情報技術・メディア・知的財産―』（日本教育訓練センター，2003）
	『ハイパーメディアと知的所有権』（信山社出版，1993）

李　鳴（りー・みん）

・執筆章→10

中国上海に生まれる
慶應義塾大学大学院法学研究科後期博士課程修了
現在　放送大学教授，博士（法学），中国弁護士（律師）
専攻　民事法学（商法・保険法）
主な著書・論文
『逐条解説　保険法』（共著　弘文堂，2019）
「保険金受取人先死亡の場合の保険金請求権の帰属―日本の立法政策に関する考察」（私法(81)185-192，2019）
「遺言による共済金受取人の変更に伴う諸問題」（法学研究 92(12)103-126，2019）
「保険法における告知義務および告知義務違反による解除の法的構成」（放送大学研究年報(35)37-60，2018）
「生命保険契約の重大事由解除に関する一考察」（法学研究 89(1)361-390，2016）

松井　美樹（まつい・よしき）

・執筆章→11

1955年　福井県に生まれる
1984年　一橋大学大学院商学研究科博士後期課程単位修得
現在　放送大学教授
専攻　オペレーションズ・マネジメント
主な著書　『制度経営学入門：経営資源展開への科学的アプローチ』（編著　中央経済社，1999）
『High Performance Manufacturing: Global Perspectives』「Japanese Manufacturing Organizations: Are They Still Competitive?」（共著　John Wiley & Sons, 2001）
『経営情報論ガイダンス（第2版）』第11章「ニューメディア」，第12章「戦略的情報システム」（分担執筆，中央経済社，2006）
『効率と公正の経済分析―企業・開発・環境―』第3章「製造システムの国際比較」（分担執筆　ミネルヴァ書房，2012）

齋藤　正章（さいとう・まさあき）

・執筆章→12・13

1967年　新潟県に生まれる
1995年　早稲田大学大学院商学研究科博士課程単位取得
現在　放送大学准教授
専攻　会計学・管理会計
主な著書　『原価計算』（共著　新世社，2007）
『株主価値を高めるEVA®経営　改訂版』（共著　中央経済社，2008）
『社会の中の会計』（共著　放送大学教育振興会，2012）
『初級簿記』（放送大学教育振興会，2016）
『現代の内部監査』（共著　放送大学教育振興会，2017）
『管理会計　三訂版』（放送大学教育振興会，2018）
『新中級商業簿記』（共著　創成社，2019）

原田　順子（はらだ・じゅんこ）

・執筆章→14

略歴　企業勤務を経て，修士号（英 ケンブリッジ大学），博士号（英 リーズ大学）を得る
現在　放送大学教授，PhD
専攻　経営学，人的資源管理
主な著書　『人的資源管理』（共編著　放送大学教育振興会，2018）
『国際経営』（共編著　放送大学教育振興会，2019）
『新時代の組織経営と働き方』（共編著　放送大学教育振興会，2020）など

編著者紹介

松原隆一郎（まつばら・りゅういちろう）

・執筆章→2・15

1956年　兵庫県神戸市に生まれる
1979年　東京大学工学部都市工学科卒業
1985年　東京大学大学院経済学研究科博士課程単位取得
現在　放送大学教授
専攻　経済思想史　社会経済学
主な著書　『荘直温伝』（吉備人出版，2020）
『頼介伝』（苦楽堂，2017）
『経済政策』（放送大学教育振興会，2017）
『経済思想入門』（ちくま学術文庫，2016）
『書庫を建てる』（共著　新潮社，2014）
『ケインズとハイエク』（講談社現代新書，2011）
『経済学の名著30』（ちくま新書，2009）
『共和主義ルネッサンス』（編著　NTT 出版，2007）
『失われた景観』（PHP 新書，2002）
『消費資本主義のゆくえ』（ちくま新書，2000）

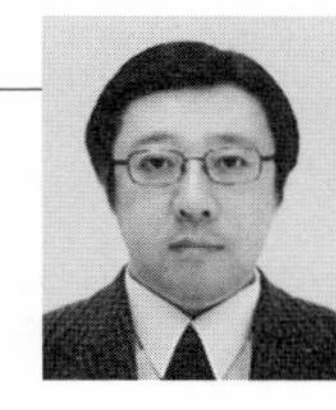

山岡　龍一（やまおか・りゅういち）

・執筆章→1・5

1963年　東京都に生まれる
1997年　ロンドン大学（LSE）ph.D.　取得
現在　放送大学教授
専攻　政治思想史，政治理論

主な著作　『西洋政治理論の伝統』（放送大学教育振興会，2009）
『西洋政治思想史—視座と論点—』（共著　岩波書店，2012）
『市民自治の知識と実践』（共著　放送大学教育振興会，2015）
『政治学へのいざない』（共著　放送大学教育振興会，2016）
『改訂版　公共哲学』（共著　放送大学教育振興会，2017）

放送大学教材　1140078-1-2111（ラジオ）

社会と産業の倫理

発　行　　2021年3月20日　第1刷
編著者　　松原隆一郎・山岡龍一
発行所　　一般財団法人　放送大学教育振興会
〒105-0001　東京都港区虎ノ門1-14-1　郵政福祉琴平ビル
電話　03（3502）2750

市販用は放送大学教材と同じ内容です。定価はカバーに表示してあります。
落丁本・乱丁本はお取り替えいたします。

Printed in Japan　ISBN978-4-595-32277-8　C1360